# 누가 알아주랴

유득공 산문선

유득공 지음
김윤조 옮김

태학사

태학산문선
기획위원 : 정 민·안대회

태학산문선 112
누가 알아주랴

초판 제1쇄 발행 2005년 5월 3일   초판 제2쇄 발행 2007년 5월 10일
**지은이** 유득공 **옮긴이** 김윤조
**펴낸이** 지현구 **펴낸곳** 태학사 **등록** 제406-2006-00008호
**주소** 경기도 파주시 교하읍 문발리 파주출판도시 498-8
**전화** 마케팅부 (031) 955-7580~2 편집부 (031) 955-7584~90 **전송** (031) 955-0910
**홈페이지** www.태학사.com **전자우편** thaehak4@chol.com
**인쇄** 안문화사 **제본** 문원문화사

ⓒ 김윤조, 2005

값 11,000원

ISBN 978-89-7626-985-0  04810    ISBN 987-89-7626-530-2 (세트)

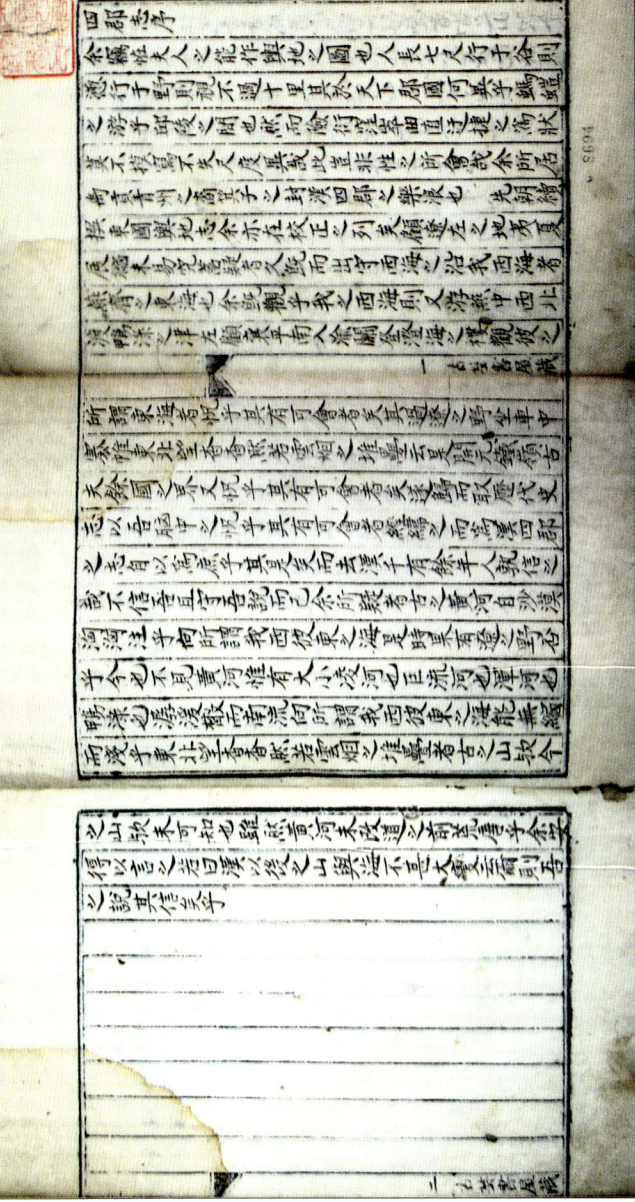

## 태학산문선을 발간하며

 현대의 인간은 물질의 풍요 속에서 오히려 극심한 정신의 황폐를 느낀다. 새 천년의 시작을 말하고는 있지만 미래에 대한 전망은 여전히 불투명하다. 심심찮게 들리는 인문정신의 위기론에서도 우리는 좌표 잃은 시대의 불안한 징표를 읽는다. 모든 것이 불확실하고 혼란스러운 현실이다. 지향해야 할 정신의 주소를 찾는 일이 그리 쉬워 보이지 않는다. 밀려드는 외국의 담론이 대안이 될 것 같지도 않다. 그렇다고 그것을 대신할 우리 것을 찾아보기란 더욱 쉽지가 않다.
 옛 사람들은 무슨 생각을 하며 살았을까? 그때 그들이 했던 고민은 지금 우리와 무관한 것일까? 혹 그들의 글쓰기에서 지금 우리의 문제에 접근하는 실마리를 열 수는 없을까? 좁은 시야에 갇히지 않고, 총체적 삶의 자세를 견지했던 옛 작가들의 글에는 타성에 젖고 지적 편식에 길들여진 우리의 일상을 따끔하게 일깨우는 청정한 울림이 있다. '태학산문선'은 그 맑은 울림에 귀를 기울이고자 한다.

세상은 변해도 삶의 본질은 조금도 변한 것이 없다. 그들이 일상에서 길어올린 삶의 의미들은 지금 우리에게도 여전히 뜻깊게 읽힌다. 몇 백 년 또는 몇 십 년 전 옛 사람의 글인데도 낯설지 않고 생경하지 않다. 이런 글들이 단지 한문이나 외국말, 또는 지금과는 다른 문체로 쓰여졌다는 이유 때문에 일반 독자들과 만날 수 없는 것은 참으로 안타까운 일이다. 좋은 글에는 향기가 있다. 좋은 글에는 글쓴이의 체취가 있다. 그 시대의 풍경이 배경에서 떠오른다. 글은 시간과 공간의 제약을 뛰어넘는다.

1930년대 중국에서는 임어당 등의 작가들이 명청明淸 시기 소품산문의 가치를 재발견하여 소품문학 운동을 전개한 바 있다. 낡은 옛것이 이러한 과정을 거쳐 다시 의미를 얻고 생생한 빛을 발하게 되었다. 이제 본 산문선은 까맣게 존재조차 잊혀졌던 옛 선인들의 글 위에 켜켜이 앉은 먼지를 털어내어 새롭게 선뵈려 한다. 진정한 의미의 '옛날'이란 언제나 살아 있는 '지금'일 뿐이다. 옛글과의 만남이 우리의 나태해진 정신과 무뎌진 감수성을 일깨우는 가슴 설레는 만남의 자리가 되었으면 한다.

정 민・안대회

# 차 례

- 태학산문선을 발간하며 5
- 만주벌판을 꿈꾼 역사의 시인 15

■ 제1부 독서와 사색의 편린　31

우리나라 사람들의 저서　33

우리나라의 벼루　35

우리나라의 서예가　38

일본에 전해진 우리나라 책　45

『일성록』　48

51　잡보구

53　왜를 예라 부름

55　건륭제의 글씨

59　꿀맛

■ 제2부 풍속과 민속　61

세시풍속　63
우리나라의 예속禮俗　67
우리나라 사람들의 말타기　69
수레 사용　72
풍월　74
양호兩湖의 풍속　76
광대　78
호랑이 사냥　81
곰 이야기　87
사나운 새　91
초목 충어　94

96　짚
99　인삼
102　담배
104　귀마개
105　북어
108　평양 사람들은 대동강물을 마심
109　다식과 약과

111　■ 제3부 시문에 대한 생각과 그 실천

113　우리 시의 맹아
117　시는 그림
121　시와 농사일

| | | | |
|---|---|---|---|
| 의약醫藥과 시작詩作 | 126 | 178 | 우리말에 옛 한자음이 남아 있음 |
| 시를 쓰려는 젊은이에게 | 130 | 181 | 속자 |
| 변일민의 시집에 붙임 | 133 | | |
| 시로 쓴 우리 역사 | 137 | 185 | ■ 제4부 우리 역사와 우리 땅 |
| 시로 남은 열하 기행 | 142 | | |
| 『열하일기』 | 144 | 187 | 한국 고대사 인식의 시각 |
| 검서체 | 147 | 192 | 우리 고대사 이해의 방법 |
| 시 땜장이 | 149 | 197 | 한사군漢四郡에 대한 인식 |
| 꽃 | 151 | 201 | 가락국 |
| 가깝지도 멀지도 않은 곳 | 153 | 205 | 평양의 수혈 |
| 유우춘 | 156 | 207 | 만주 벌판의 형세 |
| 북관으로 가는 홍첨사를 전송하며 | 166 | 211 | 양대박梁大樸 |
| 『청비록』 서문 | 173 | 214 | 박의朴義 |

여진평 *218*   *250* 영국

서북 지역의 목재 *221*

서해의 여러 섬 *223*   253 ■ 부록

■ 제5부 동아시아에서 서양으로 225   *255* 나의 아버지

*260* 나의 어머니

같은 시대를 사는 중국 시인들 *227*   *270* 나의 숙부 기하선생

일본 시의 동향 *232*   *276* 역사로서의 시

일본에 대한 이해 *237*

일본말과 일본 문자 *240*   279 ■ 제1부 원문

류쿠・베트남・미얀마의 사신 *243*

만주어 *245*   *281* 東人著書

몽고어 *246*   *282* 東研

만주・몽고・왜 *248*   *283* 海東書家

| | | | |
|---|---|---|---|
| 我書傳於倭 | 287 | 302 | 花郎 |
| 內閣代撰『日省錄』 | 288 | 303 | 淺毛虎 |
| 雜寶龜 | 289 | 305 | 說熊 |
| 呼倭爲濊 | 290 | 307 | 鷲鳥名 |
| 漢字 | 291 | 309 | 艸木蟲魚 |
| 只知有暘 | 292 | 310 | 藁 |
| | | 312 | 家蔘 |
| ■ 제2부 원문 | 293 | 314 | 淡婆姑 |
| | | 315 | 耳掩 |
| 歲時風俗 | 295 | 316 | 北魚 |
| 東國禮俗 | 297 | 318 | 平壤人, 飮浿江 |
| 東人御馬 | 298 | 319 | 茶食藥果 |
| 用車 | 299 | | |
| 詩文 | 300 | | |
| 兩湖風俗 | 301 | | |

- 제3부 원문 321

　　三韓詩紀序 323
　　湖山吟稿序 325
　　田園雜詠序 327
　　秋室吟序 329
　鄭求仲詩集序 331
　　雪癡集序 333
題二十一都懷古詩 335
　題熱河紀行詩 336
　　『熱河日記』 337
　　檢書體 339
　　補破詩匠 340
　題三十二花帖 341
　　隱仙洞記 342

344　柳遇春傳
348　送洪儉使遊北關序
351　清脾錄序
353　東方有古音
354　俗字

357 ■ 제4부 원문

359　渤海考序
361　海東繹史序
363　四郡志序
365　駕洛國
367　平壤隆穴
368　挹婁旅筆序
370　題雲巖破倭圖

| | | | |
|---|---|---|---|
| 書高敵縣志朴義事 | 372 | 嘆吉利滿 | 393 |
| 女眞坪 | 374 | | |
| 西北之材 | 376 | ■ 부록 원문 | 395 |
| 西海諸島 | 377 | | |
| | | 先府君墓誌 | 397 |
| ■ 제5부 원문 | 379 | 先妣行狀 | 400 |
| | | 叔父幾何先生墓誌銘 | 405 |
| 立世集序 | 381 | 歌商樓詩集序 | 408 |
| 日東詩選序 | 383 | | |
| 蜻蛉國志序 | 386 | | |
| 倭語倭字 | 388 | | |
| 琉球·安南·緬甸使 | 389 | | |
| 滿洲語 | 390 | | |
| 蒙古語 | 391 | | |
| 滿蒙倭 | 392 | | |

# 만주벌판을 꿈꾼 역사의 시인

1.

기술이 더욱 높아갈수록 세상 사람들은 더욱 알아주지 못한다.

「유우춘전」에서 주인공 우춘의 발언이다. 유우춘은 당시 해금의 명인으로 온 나라에 이름이 자자했다. 그러나 이름만 듣고 알 뿐, 정작 자신의 해금 연주를 직접 듣고 이해하는 자 몇이나 되겠느냐고 한탄하였다. 그것은 「유우춘전」에 일관하는 작자 유득공의 고민이기도 하다. 유득공은 우춘의 위 발언에 대해서, "어찌 해금에만 그칠 것인가"라고 긍정함으로써 자기 심정을 드러내고 있다. 유득공이 활동한 18세기 당시는 물론이지만 학문적인 연구가 시작된 이후 적지 않은 노력과 성과에도 불구하고 지금 우리의 유득공에 대한 인식은 여전히 이름만 듣고 안다고 생각하는 정도에 머물러 있는 것은 아닐까? 여기저기 다양한 경로로 유득공의 이름은 듣게 되지만, 정작 그의 글을 접할 수 있는 변변한 책자 하나 없는 것이 현실이다.

## 2.

영재泠齋 유득공柳得恭(1748~1807)은, 그 자신은 정면으로 부정하는 발언을 남기고 있지만, 다른 무엇보다 시인으로 유명하다. 그는 20대 초반에 이미 이른바 통일신라시기 이전 우리나라 초기의 한시 작품을 모두 모은 선집인 『삼한시기三韓詩紀』(일명 『동시맹東詩萌』)를 완성하였다. 유득공은 놀랍게도, 한시뿐 아니라 가사 없이 제목만 남은 악곡이나 향가까지 하나의 체계로 이해하려고 시도하였다. 그는 18세기 북학파 학자·문인 가운데 우리나라 문학의 전체 상을 조감하려고 한 걸출한 안목의 소유자였다. 거칠게 말하자면, 유득공은 20대 초반에 이미 평생 시작詩作의 기초를 마련하고 방향을 결정하였다고 할 수 있을 것이다. 이덕무 같은 사람이 유득공을 두고, 당시 세상에 비교할 만한 이가 드물 정도로 시를 전문적으로 한 사람이라고 한 것(『청비록』, 「영재」)이 공연한 말일 리가 없고, 그의 시 비평 전문서인 『청비록』에 유득공이 서문을 쓴 것 역시 그런 맥락에서 이해되는 일이다. 12년 후배이자 오랜 동료인 성해응成海應(1760~1839)에 따르면 유득공의 시는 당시唐詩의 의경意境에 극히 뛰어났고, 특히 오언고시에 더욱 빼어났다고 하며(『연경재전집』 외집5, 「영재시」), 다시 이덕무의 말을 빌면 처절하고 비장하며 애절함이 깃들었다고 한다. 영재는 사가시인四家詩人 가운데 한시의 본령에 가장 충실한 시인이었다고 할 수 있을 것이다. 박제가는 1776년에 쓴 유득공 시집의 서문에서, 유득공은 한시 창작에서 개개 한자가 갖고 있는 의미뿐 아니라 그 소리의 문제에도 각별히 유의하였다고 하였다. 여기서 소리란 한자 하나하나의 성조 내지 개별 시에서의 운율만을 가리키는 것은 아니다. 글자란 고정된 약속이지만 소리는 변화한다는 것이다. 따라서 각 민족 언어의 독자적 가치를 긍정하고, 케케묵지 않은 변화의 논리, 현재적 특징이 드러나는 시를 써야 한다는 논리로 연결되고 있다. 성조나 운율에 얽매이지 않고 변화의 논리를 체득한 시, 바로 유득공의 시가 그러한 시라는 것이다. 『삼한시기』의 존재가 최근에 와서야 알려진 일이 상징하는 바, 유득공 시의 여러 가지 특징을 구체적으로 온전하게 이해하는 것은 여전히 과제로 남아 있다.

성해응은 유득공이 실학實學에 힘썼다고 하였다. 이름 그대로 실학자라는 것이다. 그래서 지리地理와 명물名物에 대한 저술이 많다고 한다(『연경재전집』 외집1, 「유혜보득공애사」). 유득공이 남긴 지리·명물에 대한 저술로는 무엇보다도 『발해고』와 『사군지』가 꼽힐 것이다. 두 저작의 의의나 가치에 대해서는 달리 췌언이 필요하지 않다. 박제가에 따르면 『이십일도회고시』는 조선이 자리하고 있는 한반도 내의 역사사실을 상세하게 밝힌 저작이고, 그것을 기반으로 삼아서 그와 짝이 되는 『발해고』는 우리가 대륙에 발판을 두어야 하는 당위성을 천명한 한 부의 위대한 문헌으로 파악되어야 할 것이라고 한다(『정유집』, 「발해고서」). 『이십일도회고시』 역시 단순한 시집으로 엮인 것이 아니라는 말이다. 풍속지의 선구적 저작인 『경도잡지京都雜志』 역시 같은 성격의 저술이다. 지금까지 유득공의 실학적 저작으로는 이런 정도를 들 수 있었다.

최근에 존재가 확인된 비둘기에 관한 관찰 보고서인 『발합경鵓鴿經』이나, 아직 그 실체를 알 수는 없지만 호랑이에 대한 기이한 견문을 모았을 것으로 짐작되는 『속백호통續白虎通』, 벼루에 대한 전문적인 저작이었을 『동연보東研譜』, 담배에 대한 재배법 등의 실용적 저술이었을 것으로 짐작되는 『연경烟經』 등은 모두 명물에 대한 저술들이다. 『속백호통』 『동연보』 『연경』의 한 부분을 이루었을 것으로 짐작되는 기사들이 실려 있는 『고운당필기古芸堂筆記』 역시 지리와 명물이 주요 내용이다. 이상에서 유득공이 관심을 둔 주제들 － 비둘기·호랑이·벼루·담배와 『고운당필기』에 독립 항목으로 기술되고 있는 인삼·귀마개·광대·짚·북어 등에 대한 치밀하고도 생생한 서술은 당시 학계의 한 특징인 박학博學의 경향을 잘 보여주고 있다. 박학은 명물 고증의 다른 이름이다. 박제가가 유득공의 세 가지 재능을 꼽으면서 박학을 첫머리로 하고 다음으로 시에 뛰어나고 나라의 전고에 밝다고 한 것(「발해고서」)은 이러한 특징을 지적한 말이다. 청조의 경우 박학의 경향은 총서 편찬으로 결실을 보았거니와, 유득공의 『영재서종泠齋書種』역시 그 자신의 저작으로 기획한 일종의 총서로 볼 수 있을 것이다.

유득공이 조선후기 3대 역사서의 하나로 꼽히는 한치윤의 『해동역사海東繹史』에 서문을 쓴 의의나 배경은 아직도 충분하게 해명되지 못하고 있다. 역시 자료 발굴이 아쉬운 부분이다. 지금 이 책에서 처음으로 소개되는 『사군지四郡志』의 서문은 유득공의 중요한 저작인 『사군지』의 성격을 더 분명하게 해줄 것으로 여겨진다. 앞에서 언급한 대로 『연경』 등의 실체도 아직 알 수 없지만, 확인되지 않은 유득공의 저작 가운데 무엇보다 손꼽아 기대되는 것은 『고운당필기』 첫 책이 그 실체를 드러내는 일이다. 이인영의 『청분실서목淸芬室書目』에 『고운당필기』 권1~2를 그가 소장하고 있다고 하고,

그 한 조목의 내용 일부를 들어두고 있다. 그보다 앞서 일찍이 다산 정약용이 『고운당필기』에 평을 남기고 있기도 하다. 정리하면, 유득공의 박학적 지향을 잘 보여주는 저작들은 많은 부분이 아직 자료 발굴을 기다리고 있는 상태다.

## 3.

고려가 『발해사渤海史』를 편찬하지 않았으니, 고려가 떨치지 못하리라는 것을 미리 알 수 있다. 옛날에 고씨高氏가 북쪽에 자리를 잡았으니 고구려이고, 부여씨扶餘氏가 서남쪽에 자리를 잡았으니 백제이며, 박朴·석昔·김金 씨氏가 동남쪽에 자리를 잡았으니 신라다. 이를 삼국이라 부른다. 당연히 『삼국사三國史』가 있어야만 되고, 고려가 편찬한 것은 옳은 일이다. 부여씨가 망하고 고씨가 망함에 김씨는 남쪽을 차지하고, 대씨大氏는 북쪽을 차지하였으니 발해다. 이를 남북국南北國이라 부른다. 당연히 『남북국사』가 있어야만 하는데 고려는 이를 편찬하지 않았다. 잘못이었다.

(「발해고서」 이하 생략)

당연한 말이지만, 작가의 역량은 작품의 양으로 결정되는 것이 아니다. 유득공은 이 「발해고서」 한 편만으로도 우리나라 한문학사뿐만 아니라 사학사에 길이 남을 작가요, 학자다. 내용이야 새삼 말할 것도 없지만 수사의 측면에서도 더없이 뛰어난 수작이다. 일찍이 어떤 선생님으로부터, '시 지을 줄 모르는 사람이 많이 쓴다. 꼭 한 수만 전하면 된다'는 요지의 말씀을 들은 적이 있었다. 왕지환王之渙의 절구를 읽을 때였다. 「발해고서」처럼 쉬운 한자만을 사용하여 그렇게 격조 높은 문장으로 짜여진 글이 우리 문학사에서 달리 또 있을까. 굳이 꼽자면 "나라말이 중국과 달라서國之語音, 異乎中國……"라는 「훈민정음」 서문 정도가 될는지 모르겠다. 지식을 뽐내는 단 하나의 고사도 없고 요란한 수식도 없다. 내乃, 지之, 야也, 기其 등 평범한 조자助字의 풍성한 사용은 글을 더욱 여유롭고 평이하게 만들지만, 그러나 명쾌한 논리와 분명한 단락 구분으로 끝까지 팽팽한 호흡을 유지하고 있다.

이덕무는 유득공의 문장을 두고 문약하여 마치 처녀 같다고 하였다. 시를 이른 말이라면 그러하겠으나, 산문이라면 어떤 글을 두고 그렇게 말하였는지 이해되지 않았다. 한데 이번에 새로 발견된 유득공의 작품 「북관으로 가는 홍첨사를 전송하며送洪僉使遊北關序」를 두고는 그렇게 말할 수도 있을 것이란 생각이 든다.

오호라! 역사서를 읽다가 천하가 소란해져서 용쟁호투龍爭虎鬪하는 즈음에 이를 것 같으면, 영웅적이고 용맹하며 걸출하고 뛰어나서 빼어난 공로를 세우는 탁월한 인재가 어쩌면 그렇게도 많아지는 것일까? 평화로울 때 이들은 모두 어디에 있단 말인가? 술과 도박으로 평범한 사람들 사이에서 부대끼다가 늙어죽어도 아무도 알아주는 이 없는 것이리라. 이것은 그들에게 불행일까 다행일까? 나는 알지 못하겠다.

이광李廣은 맨손으로 맹수를 때려잡았다. 한문제漢文帝는 그가 한고조 때를 만나지 못한 것을 한탄했으니, 그랬더라면 만호萬戶의 제후에 봉해질 수 있었으리라 여겨서다. 그러나 이광은 무제武帝가 크게 군사를 일으켜 흉노를 칠 때 언제나 군중에 있었지만 한 치의 공로도 없어서 지위가 변방 고을 태수에 불과하였고, 길을 잃고 기일에 늦었다가 문책 당하게 되자 분한 마음에 자결하였으니, 이 이른바 운수가 기구한 사람이다. 그가 한고조 때를 만났더라도 팽성彭城의 패전에 죽지 않았다면 형양滎陽·성고城皐에서 거꾸러졌으리라. 어찌 봉토를 나누어받아 제후로 봉해져서 충달蟲達 따위 무리와 나란할 수가 있었겠는가? 남전藍田 산중에서 활 쏘고 사냥하다가 편안하게 늙어 죽는 것만 못했을 것이다.

문면으로야 씩씩한 무부武夫를 그린 더없이 굳센 글이다. 요는 굳센 표현에 담긴 격정적인 호소력이다. 문약하다거나 처녀 같다는 용어는 작자의 내면적 견결성, 작품의 비극성 같은 측면을 이른 말이 아닐까 한다. 주인공은 여러 대에 걸쳐 세력 있는 집안에 태어나서 마음대로 협기를 부리고 젊은 나이에 술과 도박으로 지내다 결국 거덜나서 북쪽 함경도로 구처 없이 길을 떠나는 사람이다.

아하! 그대는 함경도가 옛날 어떤 땅이었는지를 아는지? 그 남쪽 갈라전曷懶甸은 고려의 시중 윤관 장군이 9성을 쌓은 곳이고, 북쪽 숙신 오국肅愼五國은 우리 조선의 김절재金節齋(김종서)가 야인野人을 소탕한 곳이다. 그대가 그런 시대에 태어나 두 분의 휘하에 있었더라면 말을 뛰달아 칼을 빗기어 크게 호령하여 견고한 적을 무찔렀을 것이다. 이루 다 말로 할 수가 있을까?

나라가 태평한 지 수백 년이라 동북쪽 함경도 지역에 전운이 일어날 기미는 없다. 그대가 간들 무슨 할 일이 있겠는가? 때로 함경감사를 따라 나서서 날쌘 기병들 거느리고 백두산 남쪽에서 사냥이나 하고, 수루戍樓에 기대어 야인野人들의 노랫소리나 듣다가 한번 취하면 그만일 것이다. 어찌 꼭 부귀를 바라겠는가.

끝내 현실에서 역할을 부여받을 길이 없는 이 글의 주인공은 작자인 유득공 자신의 투영이기도 하다. 홍첨사는 제대로 능력을 발휘해볼 기회를 얻지 못하고 속절없이 아무도 알아주지 않는 사람으로 일생을 마치게 되었다. 자신을 알아주는 군주인 정조를 만나 적지 않은 역할을 한 유득공을 두고 이 글의 주인공인 홍첨사와 같은 처지였다고 하기 어려운 점이 없지는 않다. 그러나 역시 그 시대의 현실적 제약을 뛰어넘지는 못하였고, 그 점에서 주인공 홍군과 공통된다.

> 혜보惠甫는 평소 지리학에 밝아서, 근거로 삼아 변증·핵실覈實한 바가 모두 질서정연하게 조리가 있다. 공公(유득공)이 정력을 쏟아 비교하고 조사하여 이 책을 만든 것은 실로 호기심에서 비롯한 일이지 남이 알아주기를 바래서가 아니었다. 그러나 사람들이 상세하게 읽어보고 그가 처음으로 저술한 뜻을 알아주었더라면 나라를 경영하는 정책에서 도움될 것이 적지 않았을 텐데, 알아주는 이가 없어서 그만 버려졌으니 애석하기 짝이 없다.
>
> (성해응, 「발해고서」)

『발해고』 저작은 지적 호기심의 발로라는 성해응의 말은, 혹시라도 그 책으로 인해서 유득공에게 돌아갈 부담을 고려

한 데서 비롯한 발언이다. 서문에서, 완전한 역사서라고 하기 어려우므로 '발해사'라고 하지 않고 '발해고'로 이름 붙인다고 한 유득공의 발언 역시 같은 취지다. 그러나 세상의 이목에 관계치 않고 실험에 몰두하는 자연과학자처럼 지적 호기심을 해결해나가는 유득공이야말로 18세기에 비로소 등장하는 새로운 학자의 전형이라고 할 것이다.

유득공은 지역적으로는 만주벌판으로, 시대적으로는 그 광활한 만주벌판을 달리던 민족사 전개의 초기 단계로 향한 꿈을 간직한 사람이었다. 우리 민족사의 잃어버린 무대를 회복하고자 한 그의 일념은 진지하였다. 『발해고』는 그 점에서 새삼 주목되어야 한다. 『발해고』에서 "나라를 경영하는 정책에서 도움될 것"이 무엇일까? 그는 시대를 넘어서 오늘의 우리에게도 민족의 과제를 제시하고 있는 것이다.

역설적으로, 그렇게 큰 이상을 품은 유득공이야말로, 누구도 알아주는 이 없는 사람이었다. 당시 여건은 유득공 같은 사람의 발언이 의미를 갖기 어려웠다. 그 자신의 요구가 아니더라도, 유득공을 평가할 때 시인 또는 문인이라는 데만 초점을 맞추어서는 안 된다. 역사를 소재로 한 시에 특히 관심을 쏟은 것이 유득공 시의 특징인바, 특별히 그 점에 초점을 맞추고 있는 서형수의 「가상루시집서」를 부록에 첨부하였다.

**4.**

유득공의 문집인 『영재집泠齋集』은 유일본이 국립중앙도서관에 소장되어 있다. 해제에 따르면 자필 원고본이라고 한다. 4책 가운데 시가 5권 3책으로 대부분을 차지하고 한 책만 문이다. 민족문화추진회가 간행한 '한국문집총간'에 영인으로 수록되어 있는 책이다. 이 책은, 시는 그런대로 수록되었지만 문은 제대로 정리되지 못한 미정고未定稿다. 군데군데 추후 첨가를 위한 여백이 남아 있는데, 권6부터 권15까지 무려 10권이 1책으로 묶여 있다. 2권 1책으로 묶이는 것이 상례이거니와, 10권 1책이란 들어본 적이 없는 체제다. 참고로 『영재집』에 실린 문의 갈래를 보자.

墓誌(銘) 2, 行狀 1, 序 13, 題 6, 記 3, 傳 1, 策 4, 頌銘 13, 上梁文 2, 擬詔 1, 賦 6, 說 1. 합계 53편.

산문으로 보기 어려운 송명頌銘 13편과 부賦 6편을 제외하면 34편에 불과하다. 게다가 편지[書]가 단 한 통도 없는 것을 비롯하여 발跋, 논論, 소疏, 제문祭文, 비문碑文 같은 글은 없고, 묘지명과 행장은 모두 부모와 숙부가 대상이고, 전傳 역시 단 한 편뿐이다. 서문 13편 역시 자신의 저작에 붙

문화유씨 中郎將 宗中 世葬地(의정부시 송산동 곤제마을) 전경.
우측 맨 앞이 유득공과 아내 전주이씨의 묘. 2003년 인근에서 移葬되었다.

인 것이 4편이고 나머지도 그의 제자 및 극히 가까운 동인들의 저작에 붙인 것이다.

　유득공 같은 분이 문집에 수록할 만한 편지가 없었을 리 없고 평생 지은 산문작품이 이런 정도에 그칠 리가 없음은 더욱 분명하니, 사연이 있었음에 틀림없다. 유득공이 그의 문집을 정리한 19세기 초반의 자못 착잡한 상황의 산물이라고 짐작된다. 유득공과 사돈간인 윤가기尹可基가 신유사옥이 일어난 1801년 9월, 이른바 '윤가기 옥사獄事'로 죽임을 당하였고, 역시 윤가기와 사돈간이던 박제가는 거기 연루되어 함경도 종성鍾城으로 유배되었다. 문집인 『영재집』에 실린 작품에 한정하지 않고 유득공의 각종 저작에서 두루 글을 선발하고, 때로는 새로운 작품을 발굴하기도 하여 다양한 면모를 보이려고 노력한 것은 그런 이유에서다. 전체를 5부로 나누었는데, 제3부와 제4부에 실린 글들이 유득공의 산문 가운데 중심이 되는 작품들이다.

『이십일도회고시』나 『사가시』가 아닌 『영재집』의 필사본은 구해보기 극히 어려운데, 최근 유득공의 방계 후손 소장 『영재집』 한 책이 공개되었다. 국립중앙도서관의 『영재집』에 없는 작품은 위에 든 「북관으로 가는 홍첨사를 전송하며」 외에 「금정도찰방으로 가는 성해응을 전송하며送成龍汝金井道察訪序」와 「일동창화집서日東唱和集序」의 두 편이 있다. 이 밖에 유득공 작품집 가운데 일반에 널리 알려지지 않은 것으로 한국은행 소장 『영재서종泠齋書種』이 있다. 『병세집』과 『연대재유록』의 두 가지를 필사한 책이다. 영본零本인데다 내용은 국립중앙도서관 소장본과 차이가 없지만 판심版心 부분에 '타락산방서옥駝酪山房書屋'이라 쓰인 원고지(1900년 이후)에 필사된 것이 특이한 점이다. 참고로, 지금까지 거론되지 않은 유득공의 독립 저술로는 『열하기행시주熱河紀行詩註(일명 『灤陽錄』)』가 더 있다. 『연대재유록』 및 『병세집』과 함께 모두 중국 여행의 과정에서 만들어진 저작이다.

**5.**

 역자는 1993년 2월 민족문화추진회 상임연구원 졸업 과제로 『영재집』에 실린 유득공의 산문작품 번역을 제출했었다. 지금 책으로 만들면서 애초 번역 원고에 들어 있던 「귤책橘策」이나 「과거책」 등의 글은 제외하고, 대신 『고운당필기』의 일부를 뽑아 덧붙였다. 원고지에 손으로 쓴 그 원고를 오랫동안 묵히다가 이제 태학산문선으로 간행하게 되었다.

 이 작은 책자가 나오기까지 여기저기 끼친 심려와 고마움을 기록하지 않을 수 없다. 무엇보다 변선웅 태학사 편집장의 정성어린 독려가 없었다면 이 책은 이루어질 수 없었다. 지난해 5월에 받은 최종 교정지를 이제야 넘긴다. 고려대학교 육당문고에서 「사군지서」를, 이화여자대학교 도서관에서 『삼한시기』를 찾아 기꺼이 자료로 제공해준 김영진 동학과, 원문 교정과 입력을 맡아준 이규필 군을 비롯한 여러 후배들에게 고마움을 표한다.

# 제1부

# 독서와 사색의 편린

# 우리나라 사람들의 저서
東人著書

책을 저술하여 후세에 전하는 일이 내게 무슨 상관이 있겠는가. 더구나 우리나라 사람들의 저서란 반드시 후세에 전해지는 것은 아니니, 가게에서 벽을 바른 것이 태반은 우리나라 문집이고, 약방에서 약을 싸두는 봉지도 모두 우리나라 문집이다. 어쩌다가 중국에 전해진들 하릴없이 몇 수의 시만이 환관·승려·부인들의 뒤, 안남安南·유구琉球·일본의 앞에 기록된다. 이 무슨 자랑거리겠는가.

이것은 일찍이 작고한 벗 이무관李懋官과 나눈 대화다. 무관은 평생의 저서가 키와 나란하여, 시문 외에도 『사소절士小節』 『예기섭禮記涉』 『청비록淸脾錄』 『앙엽기盎葉記』 『한죽당섭필寒竹堂涉筆』 등의 저술이 모두 개산開山·파황破荒이어서 압록강 동쪽에서는 일찍 없었던 바이다. 그럼에도 후세에 전해지느냐를 개의치 않았으니, 그의 넓은 마음은 따라 미칠 수가 없다.

(『고운당필기』 권4)

이덕무와 유득공은 18세기 후반의 대표적인 저술가들이다. 그럼에도 유득공은 저서입언著書立言은 자신으로서는 분외分外의 일이라고 하고, 이덕무는 개산·파황이라 할 만한 자신의 저술이 후세에 전해지느냐에 개의치 않았다고 한다. 이 분들이 얼마나 조심하고 또 조심하면서 한평생을 살았던가를, 이 짤막한 기사는 잘 보여주고 있다.

# 우리나라의 벼루
東研




김도산金道山이라는 자는 홍주洪州 아전이다. 벼루 만드는 솜씨가 뛰어났는데, 떠돌다가 서울에 붙어 살게 되자 사대부들이 다투어 불러갔다. 평생 만든 벼루가 아마도 천 개는 넘을 것이다. 나도 그에게 검은 색과 청색 벼루 두 개를 만들게 하였다.

김도산은 벼루 석재石材를 이렇게 품평하였다.

> 남포석藍浦石이 가장 유명하지만, 검고 어두운 것이 애석하고 화초 무늬도 그다지 빼어나지 못하다. 위원석渭原石은 그 청색은 흡주석歙州石 같고 자주색은 단계석端溪石 같으니, 좋은 품질이다. 하지만 종성鍾城의 치란석雉卵石이 은은한 청색에 흰색을 띠며 두드리면 맑은 소리가 나고 마치 옥

처럼 따스하면서도 윤기가 있어서 발묵發墨이 잘 되는 것만은 못하다. 평창平昌의 자석紫石과 고령高靈의 현석玄石도 좋은 품질이고, 단천端川의 황석黃石은 너무 굳세고 풍천豊川의 청석靑石은 몹시 거칠고, 안동의 마간석馬肝石은 가장 열악하여 벼루로 사용할 수가 없다.

이 말을 기록하여 『동연보東硯譜』를 보충한다.
(『고운당필기』 권3)

흡주석과 단계석은 모두 중국의 벼룻돌을 대표하는 돌이다. 흡주석은 중국 안휘성 흡주에서, 단계석은 광동성 단주에서 생산된다.

여러 종의 집비둘기에 관한 유득공의 실험적 관찰보고서인 『발합경鵓鴿經』이 연전에 학계에 소개된 바 있었다. 비슷한 20대 초·중반에 이루어졌을 것으로 짐작되는 『동연보東硯譜』 역시 앞으로 실체가 드러나기를 기대한다.

1776년에 연경을 방문한 기하 유금은 중국에서 만난 이조원에게서 그 귀하디 귀한 단계연을 선물로 받았다. 귀국길에 수레 안에서 유금은 아이를 안 듯 안고 왔다고 한다.

석치石痴 정철조는 벼루를 잘 만들기로 이름났는데, 석치라는 호도 거기서 비롯한 것이다.[1] 오랫동안 천편일률이던 벼루 디자인이 그에게서 일변하였다. 벼루에 꽃이며 귀뚜라미 등을 새겨 넣었다고 한다. 홍주 아전 김도산은 바로 석치에게서 벼루 제작 기법을 배웠는데, 그 역시 석치를 답습하지 않고 자신의 독특한 디자인을 창안하였다. 돌의 성질을 그대로 살리고 장식은 최소화하였다고 한다. 유득공의 시 「기하실 소장 단계연을 노래함幾何室藏端硯歌」에서 석치와 김도산에 관한 부분을 보이면 다음과 같다.

| | |
|---|---|
| 근래의 명사인 석치는, | 邇來名士有石痴, |
| 국화며 귀뚜라미 즐겨 새겼네. | 喜刻秋花兼促織. |
| 홍주 아전이 그 기법 배워, | 洪州小吏得其法, |
| 생긴 대로 두고 약간 수식하였네. | 因石天成畧加飾. |

---

1) 심노숭 저, 김영진 역, 『눈물이란 무엇인가』(태학산문선), 「석치 벼루」를 참고. 정철조鄭喆祚(1730~1781)는 연암과 교분이 깊은 사람으로, 본관은 해주, 자는 성백誠伯. 1774년 문과에 급제한 후 정언 등을 지냈다.

# 우리나라의 서예가
## 海東書家

우리나라의 서예가로, 신라시대에는 세 사람을 꼽을 수 있다.

김생金生은 역사 기록에서 그 이름을 잃어버렸는데, 당나라 예종睿宗 경운景雲 2년(711)에 태어났다. 조맹부는 「동서당집고첩東書堂集古帖에 쓰다」는 글에서, "신라 승려 김생이 쓴 그 나라의 「창림사비昌林寺碑」는 자획이 매우 전형典型이 있으니, 비록 당나라 사람 가운데 명각名刻이라도 그보다 뛰어나지는 못할 것이다. 옛말에 이르기를 '어느 땅인들 인재가 나지 않으리오' 하였으니, 정말 그러하다" 하였다. 서거정은 『동국통감』에서, "예서・행서・초서가 모두 신의 경지에 들었다"라고 하고, 송나라 숭녕崇寧(徽宗의 연호. 재위 1102~1106) 연간에 한림대조翰林待詔 양구楊球와 이혁李革이 김생의 글씨를 보고 크게 놀라서, '오늘 다시

왕우군王右軍(왕희지)의 진적眞蹟을 보게 될 줄은 몰랐노라'고 말하였다"[1]라고 하였다.

최고운崔孤雲은 이름이 치원致遠이고 자는 고운이며 호는 해운海雲이다. 나이 18세에 당나라의 과거에 합격하여 관직이 시어사侍御史에 이르렀고, 신라로 돌아와서는 태산太山·부성富城 등지의 태수를 지냈으며, 시호는 문창文昌이다. 만년에 가야산에 은거하였는데, 마친 바를 알지 못한다.

승려 영업靈業은 그 세계世系를 자세히 알 수가 없다. 서거정의 『필원잡기筆苑雜記』에, "우리나라의 필법은 김생이 제일이고 영업이 그 다음이니 모두 왕우군을 본받았다"라 하였다.

고려시대에는 네 사람이다.

승려 탄연坦然은 그 세계를 자세히 알 수 없다. 이규보의 「서결평론書訣評論」에 "글씨는 행초行草에 뛰어나니 마땅히 신품神品의 두 번째에 해당한다" 하였다.

다음은 문시랑文侍郎이다. 고려 문공유文公裕는 그의 아들 극겸克謙과 함께 모두 글씨 잘 쓴다는 이름이 있고 관

---

1) 『동국통감』 제10권, 원성왕 14년조에 있는 기사임. 『삼국사기』 권48의 「김생전」에도 같은 기사가 실려 있음.

직이 모두 시랑을 역임하였으니, 비록 누구라 단정할 수는 없지만 그 부자 가운데 한 사람임은 의심의 여지가 없다.

이행촌李杏村은 이름이 암嵒이고 자는 고운古雲이며 처음 이름은 군해君侅이고 호가 행촌이다. 과거에 급제해서 관직이 문하시중 철성부원군鐵城府院君에 이르렀다. 정인지의 『고려사』에 "예서가 한 시대에 절묘하였다"고 하였다.

한유항韓柳巷은 이름이 수脩이고 자는 맹운孟雲이며 호는 유항이다. 과거에 급제해서 관직이 청성윤淸城尹에 이르렀다. 『고려사』에 이르기를 "초서와 예서를 잘 하였다" 하였다.

조선에 들어온 이후로는 16인을 꼽을 수 있다.

성독곡成獨谷은 이름이 석린石璘이고 자는 자수自修, 호가 독곡이다. 고려 공민왕 때 과거에 급제하였고 조선에 들어와서 관직이 의정부 영의정에 이르렀다. 시호는 문경文景이다. 『필원잡기』에 "글씨 잘 쓰는 것으로 한 시대에 울렸다" 하였다.

신암헌申巖軒은 이름이 장檣이고 자는 제부濟夫, 호가 암헌이다. 관직이 공조참판에 이르렀다. 이수광의 『지봉유설』에 "초서와 예서에 뛰어나고 큰 글씨를 잘 썼다" 하였다.

최제학崔提學은 이름이 흥로興老다. 과거에 급제해서 관직이 집현전 직제학에 이르렀다. 성현의 『용재총화』에 "글씨 잘 쓰는 것으로 세상에 이름을 떨쳤는데, 오로지 유익庾翼을 본떴다" 하였다.

강인재姜仁齋는 이름이 희안希顔이고 자는 경우景愚, 호가 인재다. 과거에 급제하여 관직이 인수부윤仁壽府尹에 이르렀다. 남용익의 『기아』에 붙인 「소전小傳」에 "글씨와 그림에 모두 뛰어났다" 하였다.

박평양朴平陽은 이름이 팽년彭年, 자는 인수仁叟다. 과거에 급제해서 관직이 형조참판에 이르렀다. 김육의 『해동명신록』에 "필적은 반드시 종왕(鍾王: 종요와 왕희지)으로 스승을 삼았다" 하였다.

비해당匪懈堂은 이름이 용瑢이고 자는 청지淸之, 호가 비해당이다. 장헌대왕莊憲大王(세종)의 셋째 아들로 안평대군安平大君에 봉해졌다. 신숙주의 『보한당집』에 있는 말이다. "중국 사신인 내한內翰 예겸倪謙과 우사右史 사마순司馬恂이 그의 글씨를 보고 극구 칭찬하여 '조자앙趙子昻을 본떴으되 기상은 그보다 더 뛰어나니, 실로 옛날에도 드물었고 지금에 탁절하다. 바야흐로 지금 천하에 필법에 뛰어나다는 자들로서 진겸陳謙 따위 무리가 많기야 하지만 이와 같은 기상은 일찍이 보지 못한 바다' 하였다."

성안재成安齋는 이름이 임任, 자는 중경重卿, 호가 안재다. 과거에 급제하여 관직이 의정부 좌참찬에 이르렀고 시호는 문안文安이다. 『해동명신록』에, "진眞・초草・예隸 세 가지 필법이 모두 뛰어났다" 하였다.

정동래鄭東萊는 이름이 난종蘭宗, 자는 국형國馨이다. 관직은 판서에 이르렀고 동래군東萊君에 봉해졌으며 시호는 익혜翼惠다. 『용재총화』에 "글씨를 잘하여 한 시대에 명성을 날렸다" 하였다.

성둔재成遯齋는 이름이 세창世昌, 자는 번중蕃仲, 호가 둔재다. 과거에 급제해서 관직이 의정부 우의정에 이르렀다. 『해동명신록』에 "필법이 오묘한 데에 이르렀고, 음악과 그림에도 정통하지 않음이 없었다"고 하였다.

김유연재金悠然齋는 이름이 희수希壽, 자는 몽정夢禎, 호가 유연재다. 과거에 급제해서 관직이 사헌부 대사헌에 이르렀다.

김자암金自菴은 이름이 구絿, 자는 대유大柔, 호가 자암이다. 과거에 급제해서 관직이 홍문관 부제학에 이르렀다. 『기아』의 「소전」에 "필법으로 세상에 명성을 떨쳤다" 하였다.

성청송成聽松은 이름이 수침守琛, 자는 중옥仲玉, 호가 청송이다. 관직은 현감에 이르렀고 의정부 영의정에 추증되었으며 시호는 문정文貞이다. 유몽인의 『어우야담』에 "해우추解于樞를 본떴으되 조송설趙松雪의 법식을 섞었으며, 구모필狗毛筆을 즐겨 썼다" 하였다.

황고산黃孤山은 이름이 기로耆老, 자는 태수鮐叟, 호가 고산이고 성균 진사다.

송이암宋頤菴은 이름이 인寅, 자는 명중明仲, 호가 이암이며, 공주에게 장가들어 여성위礪城尉에 봉해졌고 시호는 문단文端이다. 신익성申翊聖의 『동회집東淮集』에 "서체가 오흥吳興을 본떴고, 단해端楷에 더욱 뛰어났다" 하였다.

양봉래楊蓬萊는 이름이 사언士彦, 자는 응빙應聘, 호가 봉래다. 과거에 급제하여 관직이 부사府使에 이르렀다. 『기아』의 「소전」에 "풍골風骨이 범속하지 아니하고, 필법은 빼어나고 예스럽다" 하였다.

한석봉韓石峯은 이름이 호濩, 자는 경홍景洪, 호가 석봉이다. 관직은 호조 정랑에 이르렀다. 이정구의 『월사집』에 "왕우군이 자신이 쓴 글씨를 건네주는 꿈을 두 번 꾸었는데, 그런 뒤로부터 마치 신의 도움이 있는 듯하였다. 해서로 쓴 편액과 진초眞草는 각각 그 오묘함에 이르렀다"고 하였다.

이상 스물세 사람 대가들의 서법書法의 석각石刻은 이강산李薑山(이서구) 도헌都憲(대사헌)의 소장품이다. 강산은 각기 한 벌씩 탁본을 떠서 일찍이 나의 숙부(柳琴)께 맡겨 서촉西蜀의 이우촌李雨村에게 부쳤는데, 우촌은 크게 기뻐하였다. 그 각각 인물들에 대한 짤막한 소개 역시 강산이 지은 것이다.

(『고운당필기』 권4)

이서구가 신라에서 조선 중기까지 우리나라 서예가 가운데 23인의 작품을 뽑은 것은, 이 글 내용으로 보아 아마도 유금의 북경 방문을 앞두고 기획된 작업인 듯하다. 이서구의 직계선조인 낭선군郞善君 이우李俁(1637~1693)가 『대동금석첩』을 엮어서 우리나라 금석학의 선편을 잡은 것은 널리 알려져 있다. 이서구는 만 권의 장서를 수장한 장서가였을 뿐만 아니라 공민왕의 「천산대렵도天山大獵圖」를 비롯한 많은 그림의 수장가였다. 곧 이서구 집안의 여러 대에 걸친 미술품 수집과 소장이 이런 기획을 가능하게 하였던 것이다.

유금은 1776년 북경 방문 때 우리나라 역대 명인의 글씨를 전했음을 알 수 있다. 『고금도서집성』 수입에 크게 기여했다는 등의 사실과 아울러, 유금의 북경 방문은 문화사적으로 더 큰 의미를 갖는 사건으로 주목할 만하다.

# 일본에 전해진 우리나라 책
## 我書傳於倭

 일본 사람들은 지혜가 날로 트여서 더 이상 예전의 왜倭가 아니니, 대개 나가사키의 배들이 중국 강남江南의 서적을 수입하기 때문이다.

 우리나라 책이 일본에 전해진 것 또한 많다. 무진년(영조 24, 1748) 통신사가 갔을 때 여러 서기들이 일본 학자들과 필담을 하였는데, 기국서紀國瑞[1]라는 자는 말하기를 "『고려사』『여지승람』『고사촬요』『병학지남』『징비록』『황화집』『보한재집』『퇴계집』『율곡집』을 보았다"고 하였다. 또 상월신경上月信敬[2]

---

1) 호는 난암蘭庵. 대마도주의 기실인記室人이었다. 아메노모리호슈雨森芳洲(1668~1755)의 제자. 조명채曺命采의 『봉사일본시문견록奉使日本時聞見錄』(1748), 조엄趙曮의 『해사일기海槎日記』 등에 기록이 있다.

이라는 자는 말하기를 "양촌의 『입학도설入學圖說』, 회재의 『구경연의九經衍義』, 퇴계의 『성학십도』『계몽전의』『주서절요』『천명도』『자성록』, 율곡의 『성학집요』『격몽요결』『계몽보요해啓蒙補要解』를 보았다"고 하였다.

다른 책이 일본에 유포된 것은 그다지 관계없지만, 『병학지남』과 『징비록』 같은 서적은 비밀로 취급해야 할 책인데, 어떤 간사한 자가 왜관倭館에다 몰래 팔았을까? 일본은 일찍이 『지봉유설』 중에 실린 말을 인용하여 울릉도에 대해서 함부로 말을 한 적이 있었으니,[3] 이 일이 또한 감계監戒가 될 만하다.

(『고운당필기』 권5)

---

2) 오사카 사람으로 자가 단장丹藏, 호는 전암專菴이라고 한다. 유득공의 이 기사는 이덕무의 『청장관전서』 제59권 「앙엽기」 6에서 인용한 것이다.
3) 『지봉유설』에, 조선의 공도空島 정책의 결과 다수의 일본인이 울릉도에 거주하였다는 기사가 있고 또, 임진란 뒤에 울릉도가 일본의 점령지가 되었다는 기록이 있다. 이것을 근거로 일본 쪽에서 문제를 제기한 적이 있었다. 『문헌비고』의 「울릉도사실鬱陵島事實」 등을 참고.

일본의 서적 수입에 대한 기술로, 당시 국제정세에 대한 통찰을 보여준다.

1776년에 사신으로 북경에 간 서호수徐浩修는 『고금도서집성』 5,022책을 들여온다. 홍한주洪翰周(1798~1868)는 『지수염필』에서 그 과정을 소개하고, 다음과 같은 일화를 덧붙이고 있다.

> 내가 듣건대 병신년(1776)에 사올 때 연경의 책방 주인들이 비웃으면서 우리나라 사람들에게, "귀국貴國은 문文을 숭상한다면서 이제야 사가는지요? 일본은 나가사키에서 1부, 에도江戶에서 2부 등 이미 3부를 구해갔습니다" 하였다고 한다. 우리나라 사람들은 부끄러워서 대답을 못했다고 한다.

『도서집성』 간행은 옹정 9년(1731)이었다. 후지즈카 치카시藤塚鄰는 조선과 일본의 『도서집성』 수입 시기의 차이를 썩 중요한 일로 특기하고 있다(『추사 김정희, 또다른 얼굴』, 아카데미 하우스, 1994).

# 『일성록』
## 內閣代撰 『日省錄』

　왕의 명령에는 전교傳敎·탑교榻敎·윤음綸音·비망기備忘記·비답批答·판부判付·교서敎書·유서諭書·반교문頒敎文 등이 있고, 여러 신하들이 왕에게 아뢰는 것으로는 상소上疏·차자箚子·전문箋文·계사啓辭·초기艸記·장계狀啓·계목啓目·서계書啓·별단別單·거조擧條 등이 있다.

　신민臣民들이 은혜를 바라는 것으로는 상언上言이 있고, 죄수가 아뢰는 것으로는 원정原情과 구공口供이 있는데, 매일 병방兵房 승지가 심리해서 결정하여 배포하면 양사兩司(사헌부와 사간원)의 서리胥吏들이 제일 먼저 베껴 쓴 다음 여러 관청의 서리들이 차례로 전해서 베낀다. 종이 조각에다 단락마다 즉시 보고하는 것을 분발分撥[1]이라 하고, 한

통으로 모아서 다음날 아침에 보고하는 것을 조보朝報라고 한다. 또 기별奇別[2]이라는 것이 있는데, 양사兩司가 당일에는 조금 늦어서 먼저 기별을 보는 것을 주지晝紙라 한다.

한림翰林이 서술하는 시정기時政記는 비밀이어서 감히 발표하거나 누설할 수가 없고 서울의 사고史庫 및 정족鼎足・태백太白・오대五臺・적상산赤裳山의 네 산성山城에 간직된다. 주서注書가 기록하는 것을 연화筵話라 하고 역시 비밀로 취급되는데, 혹 특지特旨로 반포되기도 한다. 일체의 정령政令과 문서를 주서注書가 관장하여 날짜별로 편차하여 정원일기政院日記라 한다.

성상(정조)이 즉위한 이후 내각(규장각)이 『일성록』을 대신 엮는데, 매일 입직入直 검서관이 승정원의 문서를 가지고 강綱과 목目으로 정리하여 문장을 깎고 사건을 빠짐없이 서술하면 각신閣臣이 다듬어서 5일치 기록을 한 권씩으로 만들어 정리해서 필사하여 올렸다. 어제御製로서 사류史

---

1) 조보를 발행하기 전에 그 요긴한 사항을 먼저 베껴 돌리던 일.
2) 관보官報의 한 가지. 승정원에서 그날그날 생긴 일을 매일 아침에 적어서 반포하는 일. 또는 그것을 적은 종이. 조선조 태조 1년 예문・춘추관을 설치하고 내외 대소 관청에 돌리는 조보를 발행하였고, 세조 때에는 승정원에서 조보를 다루게 하였음. 난보爛報, 조지朝紙.

類를 겸한 것이니, 그 일이 특별히 중요하다.

(『고운당필기』 권3)

정조 시대는 가위 문헌의 시대라 이를 만하다. 단적으로, 『정조실록』과 그 다음 『순조실록』이 보이는 물리적인 양의 차이가 그 점을 잘 드러낸다고 생각된다. 정조가 양성한 초계문신들이 대개 『일성록』 편찬에 간여한 바, 지금 전하는 이 시기의 여러 문인 관료들의 문집에 각자 자신이 기초한 『일성록』이 그대로 들어 있는 것을 볼 수 있다.

유득공은 검서관으로서 『일성록』 편찬에 참여한 사실을 특기하고 있는 것이다.

# 잡보구
## 雜寶龜

    경력經歷[1] 이만운李萬運(1723~1797)은 나라의 전고典故, 관청의 연혁, 씨족의 세계世系와 문벌에 대한 지식이 많아서 묻기만 하면 바로 대답을 하였다. 자잘한 글씨로 뽑아 모아 간직한 글이 어느새 상자에 가득 차곤 했는데, 지금 나이 칠십여 세나 되었지만 여전히 부지런히 기록하기를 그만두지 않는다.

    내가 일찍이 강산薑山 승지(이서구) 및 이무관李懋官(이덕무)과 비성秘省(校書館의 별칭)에서 책을 편찬하는데, 마침 『경상감사 제명록慶尙監司題名錄』을 열람하다가 고려 때까

---

1) 충훈부忠勳府・의빈부儀賓府・의금부義禁府・한성부漢城府 등에서 실무를 맡아보는 종4품 관직.

지 거슬러 올라가니 잡보구라는 이름이 있었다. 신기한 것을 찾아냈다 으쓱대는데, 잠시 뒤 이경력이 왔다는 통지가 왔다. 책을 덮어버리고 마주앉은 다음 천천히 물었다.

"우리나라에 잡씨雜氏라는 성씨가 있는지요?"
"고려 때 잡보구란 이가 있어서 경상감사를 지냈다네."
자리에 있던 사람들이 모두 크게 웃었다.

(『고운당필기』 권3)

이만운은 『증보문헌비고』를 엮은 사람으로, 이덕무와 함께 박학다식으로 널리 알려졌다. 이덕무는 우리나라의 특이한 성씨를 기록하여, 뉴妠・왜𡇄・횡遖・할劼・뼘 씨氏를 채집하고 있다. 뼘 씨는 흥양興陽 사는 목동으로, 본관은 밀양이란다. 잡雜 씨는 그야말로 명함을 내밀 축에 들지 못할 듯. 이덕무의 기록은, 『문헌비고』 증보작업을 하고 있던 이만운의 질문에 답으로 남은 것이다(『청장관전서』 권55, 「앙엽기」2).

# 왜를 예라 부름
## 呼倭爲濊

예濊란 동이東夷의 옛 이름이다. 『삼국사기』에 북명北溟의 사람이 밭을 갈다가 예왕濊王의 도장을 얻었다고 하는데,[1] 『삼국지三國志』에는 부여夫餘의 국왕 도장에 새긴 글이 '예왕濊王의 도장'이라 하였다. 아마도 급하게 읽으면 예濊가 되고 천천히 읽으면 부여夫餘가 되는 것이어서, 그 실상은 같은 것이다. 뒷날 무릇 '포여로浦与路'니 '복여위福餘衛'니 말하는 것은 모두 부여에서 발음이 바뀐 것이다.

예의 옛 도읍은 우리나라 강릉부江陵府에 있었고 부여의 옛 도읍은 지금 개원현開原縣에 있었으며, '포여로'는 길림吉林 이북에 있고 '복여위'는 심양瀋陽 동쪽에 있으며, 백제의

---

1) 『삼국사기』 권1, 신라본기1, 남해차차웅 16년조의 기사임.

옛 도읍인 부여는 우리나라 호서에 있다. 이것은 모두 예다.

우리나라 사람들이 왜를 예라 부르는 것은 어떤 근거에서인지 알 수 없다. 왜 역시 동이이므로 혼동해서 부르는 것일까?

(『고운당필기』 권3)

『삼국지』「위서魏書」 열전의 '부여' 끝에 유득공이 말한 기록이 있고, 이어서 '본디 예맥 땅인데 부여가 거기를 다스린다'는 말이 있다. 그러나 『삼국지』에는 부여에 이어서 예가 따로 기록되어 있어서, 유득공이 말한 대로 발음상의 차이에 불과한지는 알 수 없다. 왜와 예에 대한 문제와 함께, 우리 고대사에 대해 흥미로운 시사점을 제시한 것으로 이해할 수 있을 듯하다.

# 건륭제의 글씨
## 漢字

내각(규장각)에 있는데 남직각南直閣(남공철)이 들려준 이야기다.

"근자에 어떤 어른이 있었는데, 경서와 역사서를 많이 읽은 데다 표表와 책策을 잘 지었대요. 마침 어떤 자리에서 안석에 기대 누워 있는데, 여러 소년들이 건륭 황제의 글씨를 돌려보고 있더랍니다. 깜짝 놀라서 물었지요.

'건륭이 글씨를 잘 쓰느냐?'

소년들은 '예' 하였어요. 그 어른은 가져다 한참 살펴보더니,

'이것이 건륭의 글씨라더냐?'

소년들은 또 '예' 하였지요.

'괴이하구나, 괴이해! 이 오랑캐가 우리나라 글자를 본떠 쓴 것이 어쩌면 이다지도 솜씨가 있을까?'

소년들은 모두 키득키득 비웃었대요."
나는 듣고 포복절도하였다.

(『고운당필기』 권4)

남공철은 유득공과 이런 농담을 나누고 함께 웃은 사람이었다. 그는 『만필漫筆』에 다음과 같은 말을 남겼다고 한다.

> 송명宋明 시대 선비들은 모두 높직한 갓에 넓은 소매로 팔자걸음을 걸었지만 허위虛僞와 경박이 그 폐해로 되어서 천심天心이 염증을 내었다. 그러나 북로北虜(청나라)는 그 선조들이 대체로 선행을 쌓고 질박하고 진실되어서 소박한 본성을 잃지 않았으니, 상천上天이 취한 바는 바로 그 점에 있었다. 이를 두고 천天이 술 취했다느니, 오랑캐는 백년을 버티는 운수가 없었다느니 하는 것은 모두 원통한 마음에 구처없이 해보는 말일 뿐이다. 중국의 운수가 쇠하고 오랑캐의 운수가 흥왕하는 것 또한 순환하는 이치일 따름이다.

남공철에 대한 기왕의 인식을 새롭게 하기에 충분한 발언이다. 위 기록을 전하고 있는 홍직필洪直弼은 이렇게 비판하고 있다.

> 아마도 자신이 보고들은 것에 빠져서, 으레 당연하다고 생각하고 이렇게 말한 것이리라.

남공철이 빠졌다는 견문은 젊은 시기의 교유의 소산이다.『만필』에서 그는 더 분명하게 말하고 있다.

> 청나라를 오랑캐로 논해서는 안 된다. 학문은 주자를 높이고, 명말에 명에 대한 절개를 지켜 죽은 이를 역사 기록이 모두 사실대로 써서 꺼리지 않고, 나라를 세운지 몇 백 년임에도 조정에 붕당이 없어서 내부적으로 골육상쟁의 변란이 없고, 궁녀는 나이 스물다섯이 지나면 모두 내보낸다. 이것은 이전 시대에 드문 일이었다.

청나라에 대한 현실적 인식인데, 유득공은 우스개에 숨겼고 남공철은『만필』에 남겼다. 하지만 그『만필』은 그의 문집인『금릉집』에 전하지 않고, 위의 한 조목이 홍직필의『매산잡지』에 전한다. 다시『매산잡지』는 문집인『매산집』에 수록되면서 이름이 아예『잡록』으로 바뀌고 분량도 대폭 축소되었는데, 물론 이 기사는 빠졌다. 일찍이 김성칠

교수는, 이른바 문집 교정이란 자제·문생으로서 부형이나 스승의 글에 부월斧鉞을 내리는 일이라고 갈파한 바 있거니와, 그 구체적인 사례를 보게 된다.

# 꿀맛
## 只知有餳

　내 경마잡이 종의 어머니는 남양南陽의 섬사람이다. 나이 여든이 넘었는데 그 아들을 찾아왔다. 안채에 들어가서 인사를 하자 딸아이들이 그녀가 나이 많다고 벌꿀을 대접하였다. 그러자 크게 놀라 바깥문으로 뛰쳐나와서 그 아들을 외쳐 부르더니,

　"내, 꿀 먹어봤다. 내 일찍이 꿀이 달디달다고 듣기는 했지만 엿보다 더 달지는 않으려니 했더니, 지금 먹어보니 단맛이 비할 데가 없구나. 내 지금 죽어도 여한이 없다" 하였다.

　내가 퇴근해오자 딸아이들이 웃으면서 말을 해주었고, 나도 한 번 웃었다. 그러나 세상에는 엿이 있는 줄만 알 뿐 꿀이 있는 줄을 모르는 사람도 많다. 어찌 남양 섬 여인네

만 그렇겠는가.

(『고운당필기』 권4)

사소한 한 토막 에피소드다. 그러나 당시는 의식에 소용되는 주요 작물은 물론이거니와 인삼이나 담배 등 상품 작물의 상업적 재배가 이루어지고, 온갖 새로운 기호가 유행을 하던 시대였다. 유득공은 엿만 알 뿐 꿀은 있는 줄도 모르는 사람이 있다는 현실을 기록으로 남기지 않을 수가 없었다.

# 제2부

# 풍속과 민속

# 세시풍속
## 歲時風俗

  우리나라의 세시풍속은 중국의 고사故事를 따른 경우가 많다. 우혁정于奕正의 『제경경물략帝京景物畧』에, "설날 저녁 아이들이 북을 치며 저녁부터 새벽까지 가는 것을 '태평고太平鼓'라 하고, 부녀자들이 서로 모여 밤길을 다니면서 질병을 없애는 것을 '주백병走百病' 또는 '주교走橋'라 한다" 하였고, 장원張遠의 『오지隩志』에, "경사京師(燕京)의 풍속에 염불하는 사람이 콩으로 염불한 횟수를 세어서 사월 초파일 부처 탄생한 날이 되면 그 콩을 삶아 소금으로 간을 맞추어 길가는 사람을 맞이하 대접하고 인연을 맺는다" 하였고, 심방沈榜의 『완서잡기宛署雜記』에, "연경에서는 5월 1일부터 5일까지 나이 어린 여자아이를 극히 아리땁게 꾸미고, 이미 출가한 여자들도 각자 친정을 가는데,

이 날을 '여아절女兒節'이라 부른다" 하였고, 무규武珪의 『연북잡지燕北雜志』에, "5월 5일 오시午時에 쑥을 캐다가 잎을 따서 솜과 섞어 솜옷 7벌을 지어 요遼나라 군주가 입었고, 발해의 요리사는 쑥떡을 진상하였다"고 하였다.

살펴보건대 설날 저녁 밤길을 다니는 것은 우리나라 풍속에는 '다리밟기'라 하는데, 온 도성 사람들이 다 몰려나와 광통교와 수표교 등 여러 다리에서 달구경하고 산책을 하곤 한다. 다리에 병이 있는 부녀자는 하지 않는다. 사월 초파일에는 연등을 켜고 손님을 맞아 반드시 느릅나뭇잎 떡과 삶은 팥을 차리니, 이것은 부처 탄생일에 채소만 먹는다는 의미다. 다만 염불한 수효로 센 콩을 쓰지는 않는다. 단오는 속명이 '수릿날'인데, 어린 자녀들에게 붉고 푸른 새옷을 입히고 창포 담근 물에 낯을 씻고 또 창포뿌리를 깎아 비녀를 만들어 주사朱砂를 찍어서 머리의 쪽에다 꽂는 것을 '수릿차림'이라 한다. 수리취[戌衣翠]라는 이름의 쑥이 있는데, 잎은 타원형이고 뒤쪽이 흰색이다. 햇볕에 말려 바수어서 화융火絨(부싯돌에 불붙이는 솜)을 만들 수 있고, 또 찧어서 떡에 넣어 녹색을 낼 수 있는데 단오 때의 시식時食이 된다.

(『고운당필기』 권5)

유득공이 지은 『경도잡지』의 「상원」 조목에도 이와 비슷한 내용이 있다. 『경도잡지』는 『열양세시기洌陽歲時記』와 『동국세시기東國歲時記』에 앞선 전문적인 풍속 관계 저술이다. 유득공에게 풍속화에 쓴 화제畵題라거나 민속에서 취재한 시가 많은 것은 당연하다 하겠다.

| | |
|---|---|
| 보름달 언제나 둥그렇지만, | 他時望月亦成輪, |
| 오늘 저녁 마음은 절로 새로워. | 斯夕人情自爾新. |
| 셀 수 없이 많은 달집을 짓고, | 八萬三千修月戶, |
| 사람들 빼곡하게 다리에 오르네. | 恒河沙數上橋人. |
| 풍년 빈다 곳곳마다 화간이 서고, | 祈年處處禾竿竪, |
| 풍습 따라 집집마다 오곡밥이네. | 沿俗家家果飯陳. |
| 찬이슬 밤바람 아랑곳 않고, | 露冷風凄渾未省, |
| 흰옷자락 날리며 새벽을 가네. | 白衣飄拂又向晨. |

정월대보름을 소재로 한 「대보름날 밤 백탑 서쪽에서 술을 마시다上元夜飮塔西」라는 시다.

모임을 갖고 있는 장소가 백탑 서쪽이다. 잘 알려진 대로 연암 박지원을 비롯한 북학파 학자들은 1760년대 중반

이후 상당한 기간에 걸쳐 탑골공원 부근에서 이웃해 살았다. 자연스레 문학 동인이 되었는데, 이 시도 그런 모임에서 생산된 것이다.

달집태우기나 다리밟기는 지금도 생소하지 않다. 화간禾竿이란 정월대보름 전날에 긴 장대 꼭대기에 여러 가지 곡식을 묶어 세워 풍년을 비는 것.

새해를 맞아 희망에 부풀어 역동적이고 건강미 넘치는 당시 백성들의 집단적 정서를 잘 표출한 시다. 풍속을 소재로 한 시가 갖는 미덕이라고 하겠다.

# 우리나라의 예속禮俗
## 東國禮俗

　우리나라 예속은 중국과 다른 것이 아주 많다. 우리나라는 비천한 사람이 길에서 존귀한 자를 만나면 말을 탈 수 없고 소매를 흔들 수 없으며 부채를 펼쳐 얼굴을 가릴 수 없고 담뱃대로 담배를 피울 수가 없다. 서 있는 자가 있으면 꾸짖어서 앉히고, 이서吏胥들의 경우는 심지어 부복俯伏하기도 한다. 비가 와도 유모油帽를 쓸 수 없고 추워도 감히 귀마개를 쓸 수가 없어서, 모두 황망하게 벗어야 한다.

　중국은 소매를 흔들지 못한다거나 부채를 펼치지 못한다거나 담배를 피우지 못한다는 등의 여러 금령禁令이 없고, 앉아 있던 이는 기립함으로써 공경을 표하고 졸예卒隸 등 지극히 미천한 자 외에는 말에서 내리지 않는다.

　『삼국지』에 "고구려는 무릎 꿇고 절을 할 때 한쪽 다리는 편다"고 하였고, 『주서周書』에 "백제는 배알하는 예가 두 손으로 땅을 짚어 경의를 표한다"고 하였다. 지금 무변武弁이 재상을 뵐 때 아직도 이렇게 한다. 그것이 중국과는 달랐기 때문에 역사서를 지은이가 기록한 것이다.

(『고운당필기』 권4)

뒤에 이어지는 두 가지 기사도 같은 문제를 다루고 있는데, 극히 냉소적이다. 굳이 개인적 입장에 연결시킬 일은 아니다.

유득공은 여러 차례의 중국 여행을 통해서 트인 안목을 가졌던 세계인이었고, 두루 전적을 섭렵하여 우리와 중국의 옛 제도에 밝은 독서인이었다. 이른바 동방예의지국의 한 부분을 이루고 있는 이 글에서와 같은 '예속'은 수긍하기 어려웠을 것이다.

# 우리나라 사람들의 말타기
東人御馬




 박연암의 『열하일기』에 우리나라 사람들의 말 타는 법을 논하여,

 "오른쪽 한쪽만 경마를 잡히는 것도 불가한데, 하물며 왼쪽마저도 경마를 잡힌단 말인가. 문신도 경마 잡혀서는 안 되는데 더구나 무신임에랴"
하였는데, 실로 명언이다.

 내가 일찍이 일본 사람의 「방야도方野圖」를 보았더니 앵두꽃이 활짝 피었는데 말을 타고 나란히 나아가는 꽃놀이 하는 여인들은 모두 좌우에서 경마를 잡히고 있었다.

 또 사신을 따라 일본에 갔던 여러 서기書記들에게 들으니, 남자라도 좌우에 경마를 잡힌다고 한다. 우리 풍속은 불행하게도 일본과 비슷하니, 부끄러운 일이다.

김홍도金弘道,「마상청앵도馬上聽鶯圖」

   봉사奉事 이기원李箕元[1]의『권유집倦遊集』에도 우리나라 사람들이 중국의 말을 사서 타는 것을 논하여,

70
제2부 풍속과 민속

"먹어본 적 없는 여물과 콩을 먹이고 얹어본 적 없는 안장과 자리를 얹어서 빙빙 돌려 목을 꺾고 또박또박 걸음을 걷게 한다. 그러니까 등에 탄 사람을 머리가 흔들리고 어깨가 춤을 추게 하여 흔들흔들 마치 파도에 뒤집힐 듯한 배에 앉은 것처럼 만드니, 이 어찌 말의 성질대로 따라 부리는 것이겠는가"

하니, 이 또한 명언이다.

나도 우리나라에서 말 길들이는 풍속에, 질응疾鷹이니 비품飛品이니 중심中心이니 반중심半中心이니 하는 것들을 괴이하게 여긴다. 이것은 경마잡이가 몇 달이고 몇 년이고 재갈을 물리고 채찍을 쳐서 가르치는 것이니, 말은 거의 골병이 든다. 말 잘 타기로는 만주·중국·몽고 사람만한 이가 없는데, 예로부터 그들에게 이런 법이 있다는 말을 들어본 적이 없었다. 중국 사람들은 일찍이 우리나라 사람들에게,

"너희 나라 말은 등짝에 한 사람을 태운 채 입에도 한 사람을 물고 가니, 어쩌면 그리도 힘이 센가?"

하였으니, 말을 타고 경마 잡히는 것을 비웃는 말이다.

(『고운당필기』 권4)

---

1) 박제가와 북경에 함께 다녀온 사람이다. 자는 자범子範. 『정유시집』 권3에, 그의 시에 차운한 박제가의 시가 실려 있다.

# 수레 사용
### 用車

 사람들은 모두 수레 사용의 편리함을 말한다. 하지만 끝내 수레를 사용하는 일은 볼 수가 없다. 이유를 설명하는 자들은 이를 두고, 길을 닦기가 어렵고, 나루와 배에 판자를 까는 일이 어려우며, 가게마다 대문을 높이고 마당을 넓히기가 곤란해서라고 한다. 하지만 내가 보기로는 이것은 한번 호령하기만 하면 될 일이다. 무슨 어려움이 있겠는가.

 다만 우리나라는 체면을 몹시 중시한다. 문무 관료는 품계에 따라 하급 관료가 말에서 내리는데, 뜻하지 않은 데서 서로 만나기라도 하면 부랴부랴 좁은 골목으로 피해 들어가곤 한다. 이제 만약 수레 탄 자에게 말에서 내리는 예를 요구해서 부랴부랴 피해주기에도 불편하고 자주자주 뛰어내려야 한다면 수레를 타지 않음만 못할 텐데, 어찌 수레를 탈 자가 있겠는가.

 내가 북경에 갔을 때 보니, 수레 탄 자가 먼저 골목 어귀에 들어서면 소리를 쳐서 신호를 하는데, 그러면 아무리 존귀한 자라도 맞은편 골목 입구 밖에 수레를 멈추어서 잠시 기다리기를 어려워하지 않는다. 들어선 순서를 인정하기 때문이다.

 우리나라 습속은 조급하고 잰 체하기를 좋아하여, 먼저고 나중이고 따지지 않고 좁은 골목길에서 충돌하고 때리고 해서, 말이 놀라고 수레 축은 부러져 낭패를 본 뒤에야 그만둘 것이다. 어찌 수레를 탈 자가 있겠는가. 제도는 바꿀 수 있어도 풍속은 갑자기 바뀌기 어려운 듯하다.

(『고운당필기』 권4)

# 풍월

## 詩文

아이들은 먼저 주흥사周興嗣의 『천자문』을 배운 다음 증선지曾先之의 『사략史略』과 소미少微의 『통감通鑑』 혹은 『소학小學』을 배우고 다른 책으로 옮겨간다. 봄, 여름에는 가려 뽑은 당시唐詩를 읽는데, 송지문宋之問의 「한식寒食」 시가 첫 머리다. 흔히들 「마상당음馬上唐音」이라 부른다.

민간에서는 『전등신화』를 가장 좋아하는데, 이문吏文 익히는 데 도움이 되기 때문이다. 『전등신화』는 원나라 구우瞿佑의 저작인데, 우리나라 학자인 수호자垂胡子 임기林芑가 주해註解를 붙였다.

시를 시속時俗에서는 풍월風月이라고 하는데, 음풍농월을 두고 이르는 말이다.

(『경도잡지』 권1)

박제가나 정약용 등 많은 사람들이 당시 우리나라 초등교육에 대한 반성적 성찰로서 『천자문』이나 『통감절요』 등의 교재에 대해 비판하였지만 이후 별다른 변화가 없었다. 한 세기가 훨씬 지난 뒤의 백범 김구 선생도 그 『일지』에서 「마상당음馬上唐音」을 배웠다고 하니, 역시 풍속이란 쉽게 변하지 않는 듯하다.

# 양호兩湖의 풍속
## 兩湖風俗

『북사北史』「백제전」에,

"백제 풍속은 말타기와 활쏘기를 중시하고 아울러 책도 좋아해서 뛰어난 사람은 제법 글을 지을 줄 알고 행정 실무에도 능하다. 또 의약과 점치기, 관상술과 음양오행법도 알고 장기·바둑을 매우 즐겨한다" 하였다.

살펴보건대 지금 호서·호남 지방은 다 옛 백제 땅이다. 지금은 말타기와 활쏘기를 중시하지는 않지만 그 나머지는 과연 모두 능한데, 호남 사람들은 점과 관상 및 오행술을 아주 좋아하고 바둑에는 국수가 많다. 풍속이 오랜 세월에도 변하지 않음이 이와 같다.

(『고운당필기』 권3)

다른 것은 모르겠지만 바둑은 지금도 그러하다. 조남철 전북 부안, 김인 전남 강진, 조훈현 전남 목포, 이창호 전주, 이세돌 전남 신안.

# 광대
花郎



『고려사』에 나오는 이야기다.[1]

충숙왕이 원나라에 머물러 있을 때 박인평朴仁平[2]을 보내어 재상들에게 말하였다.

> 옛날 난장이 광대廣大가 키다리 광대를 따라 물을 건너는데 배가 없었다. 난장이 광대가 여러 키다리 광대에게, "나는 작아서 물의 깊이를 알기가 어렵고 그대들은 키가 크니 먼저 수심을 헤아려 보아야만 하겠다" 하자, 모두 "그렇게 하지" 하고 물에 들어갔다가 다 빠져 죽었다.[3] 우리말에 가

---

1) 『고려사』 「열전」 권37, '폐행'2, 「전영보전全英甫傳」.
2) 충숙왕 때의 내시. 왕의 사랑을 받아 대호군大護軍이 되었다. 「전영보전」과 「조유전」(『고려사』 「열전」 권44, '반역'5)에 기록이 있다.

면을 쓰고 놀이하는 자를 '광대'라고 한다.[4]

  살펴보건대 지금도 소리하고 놀이하는 사람을 광대라 부르는데, 진사 급제한 뒤 유가遊街할 때 머리에 쓴 누런 초립草笠에다 꽃을 꽂고 비단옷을 입은 자들이다. 광대로서 무당의 서방이 된 이를 화랑花郞이라 부르고, 화랑이 가면을 쓰고 고깔을 머리에 얹고 구걸다니는 이를 초란哨卵이라 부른다. 사람의 양 볼 위쪽에 튀어나온 뼈를 '광대뼈'라 부르는데, 광대들이 쓰는 가면과 비슷해서 붙여진 것이다. 초란의 의미는 알 수가 없다.

  화랑이란 영호징令狐澄의 『신라국기新羅國記』에 "귀족들 자제 가운데 잘 생긴 자를 화장시키고 잘 꾸며 화랑이라 불렀다" 했는데, 바로 이를 가리킨다. 광대가 스스로를 멋대로 화랑이라 일컫는 것은 그들이 초립에 꽃을 꽂고 비단옷을 입었기 때문인가 생각된다. 신라의 고귀한 신분으로는 화랑보다 더 나은 것이 없었다. 무리가 구름처럼 모여 산수山水에 놀며 즐거워하였으니, 그들을 향도香徒라 불렀

---

  3) 여기까지가 충숙왕의 말인데, 전영보와 박허중 두 소인배의 간교함을 비유한 것이다.
  4) 이는 『고려사』 편찬자의 설명인데 유득공이 그대로 인용한 것이다.

다. 지금 상여를 메는 상두꾼은 사람들이 천박하게 여기지만 역시 멋대로 '향도'라 일컫는다. 귀천이 어찌 고정불변한 것이겠는가.

(『고운당필기』 권3)

# 호랑이 사냥
## 淺毛虎

공회公會에서 제사諸司의 낭관郞官들이 범 이야기를 하는데, 사복시 판관司僕寺判官인 한대유韓大裕가 다음과 같은 경험담을 들려주었다.

범 가운데는 털이 듬성듬성한 놈이 제일 포악합니다. 내가 함흥 판관咸興判官으로 있을 때[1] 그 범이 있었는데, 밝은 대낮인데도 사람과 가축이 들판에 있으면 꼭 가축은 가만두고 사람을 해쳤어요. 40명이나 되는 포수砲手를 동원했지만 잡을 수가 없었습니다. 북관(北關: 함경도)의 풍속은 널

---

1) 한대유는 함경감사 정민시 밑에서 함흥 판관으로 있다가 정조 10년(1786) 6월, 영천榮川 군수에 임명되었다. 『일성록』을 참고

빤지로 지붕을 얽는데, 매우 튼튼합니다. 그런데도 그 범이 부수고 들어갔는데, 어금니 한 개가 부러져서 널빤지에 박혔더랍니다. 그 집 주인이 관청에다 바쳤어요. 그래서 "기필코 어금니 빠진 범을 잡아들여라" 명령을 했지요. 여러 마리를 잡았지만 다 아니었어요.

북청부北青府에 이름난 포수로 김파총金把摠이라 불리는 사람이 있다는 소문을 듣고 공문을 보내 불러왔습니다. 40명 포수를 거느리고 사냥을 나갔는데, 달포나 되도록 "아직 보지를 못했습니다"고만 하는 겁니다. 사람을 물었다는 보고는 계속 들어와서 이번 일로 죽거나 다친 사람이 400여 명이나 되었어요. 분통을 참지 못해서 40명 포수를 잡아다가 꾸짖었지요.

"범에 물려 죽거나 다친 사람이 400명이나 된다. 너는 이름난 포수라면서 총 한 방 쏘지 않고 '아직 보지 못했습니다'고만 둘러대니, 이는 네가 400명을 죽인 것이다. 내가 너를 죽여버리겠다."

그리고는 팔 힘이 센 군뢰軍牢 둘을 불러 사정을 두지 말고 곤장을 치게 했습니다.

그러자 김포수는 울면서 이렇게 대답하더군요.

"제가 사실 보기는 했습니다. 저는 갓 스무 살 때부터 총쏘기를 배워 대략 70여 마리 범을 잡았습니다만 이토록 포악한 범은 처음 보았습니다. 제 생각에 한두 방 탄환으로는 죽일 수 없을 듯했습니다. 제가 비록 먼저 쏘아 맞추더라도 어느 누가 그 다음에 쏘려 하겠습니까? 부자형제간이라면 혹 맞서 쏠 수도 있겠지만 함흥부咸興府의 포수는 비록 400명이라도 믿을 것이 못됩니다. 곤장에 죽으나 범에 죽으나 마찬가지지요. 제 자식놈도 총을 잘 쏘니, 네댓새 말미를 주시어 불러오면 해볼 수가 있을 듯합니다"
해서 허락했지요. 이윽고 김포수가 과연 그 아들과 함께 왔는데 건장한 사내아이였습니다. 부자가 총을 메고 산으로 들어가는데 40명 포수들에게 도와주라 명령했더니 김포수는 도움될 것 없다고 거절하더군요. 그래도 따라가서 모두들 나무에 올라가 구경을 했답니다. 김포수 부자는 초록빛 옷을 입고 총을 끼고 풀숲에 서로 마주보고 엎드렸습니다. 범이 계곡을 따라 천천히 걸어 내려왔어요. 아버지가 먼저 총을 쏘았지요. 범은 포효하고 날뛰며 총소리 나는 쪽으로 사람을 찾아 두리번거렸어요. 그 아들이 이어서 총을 놓았습니다. 범은 또 펄쩍 뛰어오르며 날뛰다 총소리 나는 쪽으로 내달았습니다. 아버지가 또 총을 쏘자 산이며 골짝이 꽝꽝 울렸습니다. 이러기를 반식경이나 지나서야 범은 그예 죽었답니다. 40명 포수들은 모두 다리가 후들거리고 넋이 나갔다가 그제야 나무에서 내려와 범을 마주 떠

메고 부府로 들어왔습니다. 김포수 부자는 그 뒤를 따라 들어와 꿇어앉아, "저희 부자가 모두 열일곱 방을 쏘았습니다"고 했습니다.

그 범을 살펴보았더니 암컷이었고 어금니 하나가 없었는데, 털이 듬성듬성하기가 옴 앓는 소 같았습니다. 가죽을 벗겼더니 구멍이 열여섯 개가 나 있었어요. 한 방만 잘못 쏘았을 뿐이었지요.

함흥부에서 과부·고아가 된 사람들이 몰려들어 그 고기를 씹었습니다. 돈 4만 냥을 거두어 김포수에게 주었지만 그는 받지 않고 돌아갔어요. 부의 백성들이 소를 잡아 전송했습니다. 이래서 김파총의 명성이 북관에 진동했지요.

이 범은 세 마리 새끼를 데리고 다녔는데, 이때 함흥부 백성들이 빙 둘러싸고 때려잡으니 역시 모두 털이 듬성듬성했습니다. 아마 이런 별도의 종류가 있나 봅니다.


내가 『이아爾雅』를 살펴보니 "범 중에 털이 듬성듬성한 것을 '잔묘虥猫'라 부른다"[2] 하였다.

(『고운당필기』 권3)

---

2) 『이아』 제18권 「석수釋獸」.

혜풍(유득공의 자字)의 집에 『속백호통續白虎通』이 있는데, 한漢의 반표班彪가 짓고 진晉 최표崔豹가 주를 내고 명나라 당인唐寅이 비평을 붙인 것이었네. 나는 기이한 책이라 여겨 빌려와서 등불 아래 꼼꼼히 읽어보았더니 혜풍 자신이 호랑이에 대한 이야기들을 모아서 재미난 우스개로 만든 것이었다네. 나야말로 둔감하다고 할 만하지. 당인의 자가 백호伯虎니까 그렇게 이름 붙인 것일 뿐이었다네. 하지만 한 가지 견문을 넓힐 수는 있겠지. 읽고 바로 돌려주게나.

박지원이 호를 원심재遠心齋라고 쓰는 사람에게 보낸 짤막한 편지다. 내용으로 보아 유득공의 『속백호통』이라는 저작은 아마도 호랑이에 관련된 재미난 이야기들을 모은 총집이었을 것이다. 유득공이나 이덕무, 이서구 등은 『속백호통』 같은 류의 저작이 많다. 유득공의 『발합경鵓鴿經』이나 『동연보東研譜』, 이서구의 『녹앵무경綠鸚鵡經』 같은 것이 대표적이다. 그 의미와 양상에 대해서는 김영진, 「조선 후기 실학파의 총서 편찬과 그 의미」(이혜순 외 편, 『한국한문학 연구의 신지평』, 소명출판, 2005. 4 간행 예정)를 참고하길 바란다.

『고운당필기』 권3의 위 기사는 1792년(정조 16) 무렵의 기록이다.

# 곰 이야기
說熊

  곰은 힘이 세지만 어리석어서, 호랑이와 싸울 때 나무를 꺾어 호랑이를 치고는 두 번 사용하지 않는다. 그러므로 먼저 힘이 지쳐서 호랑이에게 제압을 당한다. 산골 사람이 곰을 길들여서 비가 내리면 벼 말려둔 자리를 걷게 하였는데, 밤에 비가 내리자 곰이 울타리를 모조리 걷어서 처마 밑에 쌓아두었다.

  북관(北關: 함경도) 사람들은 눈이 내렸을 때 곰을 잡는데, 도끼 한 자루와 새끼줄 두 개를 갖고 산에 들어간다. 곰은 속이 빈 큰 나무 안에 흔히 산다. 숨어 있는 나무에 도끼질을 하면 곰이 화를 내는데, 화를 내는지 내지 않는지를 사람이 정말로 알지는 못한다. 하지만 화가 났으므로 도끼로 그 나무에 구멍을 내면 곰은 한쪽 팔을 내밀어서 도끼를 잡으려 하는데, 그러면 사람은 새끼줄로 그 팔을 다른 나무에 잡아 묶는다. 또 구멍을 내면 또 한쪽 팔을 내밀고, 또 다른 나무에 잡아 묶으면 사로잡게 되는 것이다.

 지평砥平[1] 사는 나무꾼이 산에 들어가 곰이 벌을 따라 쫓아가는 것을 보고 뒤를 따랐다. 곰은 바위 사이에 앉아 벌집을 찾아 손가락으로 더듬어 맛을 보더니 두리번거리다가 내달렸다. 나무꾼은 곰이 새끼를 데리러 가는 것이라고 생각하고, 먼저 그 꿀을 다 비우고 더러운 것을 벌집에 가득 채운 다음 나무에 올라가 다시 살펴보았다. 곰은 과연 세 마리의 새끼를 데리고 벌집 앞에 와 나란히 앉히더니 나뭇가지로 휘저어서 새끼 입에 넣어주었는데, 새끼는 머리를 흔들면서 싫어하였다. 곰은 성이 나서 발바닥으로 뺨을 때리고는 그 다음 다른 새끼에게 먹였으나 싫다고 하지 않는 놈이 없었고, 그때마다 뺨을 때렸다. 마침내 크게 휘저어서 자신이 먹어보자마자 급히 그 나뭇가지를 던져버리고는 길길이 성을 내었다. 나무꾼이 킥킥 웃자 곰은 크게 울부짖더니 나무 아래에 와서 나무를 흔들기도 하고 밑동을 파기도 하다가 또 타고 올라오려고 하였다. 나무꾼은 살

---

1) 지금 경기도 양평군楊平郡 지제면砥堤面 일대에 있던 현 이름.

려달라고 크게 외쳤고, 같이 갔던 사람들이 다 몰려와서 쫓고서야 겨우 면하였다.

이무관李懋官이 사근역沙斤驛의 역승驛丞이 되어 가끔 지리산의 절을 찾았는데[2] 절의 승려가 이르기를,

"곰이 장을 잘 훔쳐먹어서 여러 승려들이 미워하였답니다. 누가 계책을 내어서, 곰이 장독대에 다가가는 것을 보고도 거짓 모른 체하고, 도끼로 큰 나무를 쪼개 윗부분 절반을 벌려서 나무토막을 꽂고 여러 승려들이 차례대로 그 나무에 걸터앉아 나무토막을 잡아당기면서 견고해서 뽑을 수 없는 양하며 왁자하니 떠들고 웃고 하였답니다. 곰은 장은 잊어버린 채 뚫어져라 바라보았지요. 여러 승려들은 차츰 흩어져 가서, 숨어서 엿보았답니다. 곰이 천천히 걸어가서 나무에 걸터앉으니, 그 모습이 흡사 갈라진 틈에 끼인 것 같았습니다. 곰이 단번에 나무토막을 뽑아버리자 나무는 도로 딱 붙어서 자물쇠로 잠근 꼴이 되었고, 곰은 눈만 멀뚱멀뚱할 뿐 움직이지를 못하였습니다. 여러 승려들이 나가서 결박하였답니다" 하였다.

---

2) 경남 함양군 수동면水東面에 있었음. 이덕무는 41세 되던 1781년 말에 사근도 찰방이 되었다.『연보』에는 1783년 음력 6월 하순에 지리산을 찾은 기록이 있다.

임자년(1792) 11월 19일, 조정에서 퇴근해 조금 한가한 여가에 손님과 함께 곰 이야기를 하고, 아이들을 시켜 기록하게 하였다.

(『고운당필기』 권3)

# 사나운 새
鷙鳥名

사나운 새에는 매우 많은 종류가 있다. 매鷹 중에서 태어난 그 해에 길들여진 것을 보라매甫羅鷹라 하는데, 보라란 담홍淡紅을 가리키는 우리말이니 그 깃털의 빛깔이 엷기 때문에 이른 말이다. 산에서 나이 묵은 것을 산지니山陳―라 하고, 인가에서 나이 묵은 것을 수지니手陳―라 한다. 매 가운데 가장 뛰어나면서 그 털빛이 흰 것을 송골松鶻이라 하고, 털빛이 푸른 것을 해동청海東靑이라 한다. 수리[鷲] 가운데 작으면서 매鷹처럼 생긴 것을 독수리獨戍伊라 하고 매鷲 가운데 커서 노루·사슴을 잡을 수 있는 것을 가막수리伽漠戍伊라 하는데, '가막'이란 '검다'는 우리말이다. 독수리 비슷하면서 호랑이를 잡을 수 있는 것을 육덕이肉德威라 하는데, 생김새가 웅대하여 사람도 업고 날아간다. 호랑이를 보면 호랑이 머리에 날아가 앉아서 그 눈동자를 쫀다.

매 같으면서 양 깃이 길쭉하고 날카로운 것을 난춘蘭春이라 하는데, 깃으로 눌러서 거위나 기러기를 죽이고 또 매도 죽인다. 매 같으면서 눈이 검은 것을 조골鵰鶻이라 하는데, 매를 잡을 수 있다. 매 같으면서 붉은 가슴에 흰 등, 검은 눈을 가진 것을 방달이方達伊라 하는데, 매를 죽일 수 있다. 매 비슷하면서 작은데 깃은 날카롭고 다리가 긴 것을 결의決義라 하는데, 메추라기를 잡을 수가 있으니, 곧 이른바 새매鷂다. 결의나 비둘기 비슷하고 눈이 검은 것을 도령태盜鈴駄라 하는데, 메추라기를 잡을 수 있다. 도령태 같으면서 참새를 잡을 수 있는 것을 구진의句陳義 또는 발람갑孛南甲[1]이라 한다. 날씨가 바람이 일 듯하면 곧장 반공半空으로 날아올라 빙빙 돌며 내려오지 않는다. '발남'이란 우리말의 '바람'이니, 곧 이른바 '신풍晨風(새매)'이다. '결의' 비슷하면서 부리 곁이 칼로 새긴 듯 갈라진 것을 '작응雀鷹'이라 하는데, 참새를 잡을 수 있다. 매 비슷하면서 꼬리 끝에 흰 깃이 있는 것을 '마분략馬糞掠'이라 하는

---

1) 발람갑孛南甲: 『청장관전서』에는 발람박孛南朴으로 되어 있는데, 필사 과정의 잘못인 듯.

데, 참새를 잡을 수 있다.

이상은 작고한 벗 이무관李懋官의 『한죽당섭필寒竹堂涉筆』에 실린 것이다. 살펴보건대 『한청문감漢淸文鑑』[2]에는 보라매를 추황秋黃, 수지니를 농응籠鷹, 산지니를 산롱山籠이라 하였다.

(『고운당필기』 권4)

---

2) 이담李湛·김진하金振夏 등이 편찬한 중국어를 겸한 만주어 사전으로, 정조 3년(1779) 경에 간행되었다. 청나라의 『어제증정 청문문감御製增訂淸文文鑑』을 저본으로 하여 유별類別로 나누고, 한글로 만주어의 음을 단 다음 우리말로 풀이하였다.

# 초목 충어
## 艸木蟲魚

  서울의 요즈음 풍속은 뜰에 노송老松을 심고 시렁을 엮고 문을 매어서 그 나머지 가지를 당겨 호로산葫蘆傘 만들기를 좋아한다. 이것은 비상하는 학鶴의 형상인데, 그 이름을 취병翠屛이라 한다. 하지만 노송이 어떤 나무냐 물으면 다름아닌 전나무인 줄 아는 사람은 드물다.

  이른봄에 영춘迎春[1]이 갓 핀 것을 신이辛夷[2]라 하고, 한여름 매괴玫瑰[3]가 일제히 핀 것을 해당海棠이라 모칭冒稱한 것이 시에 보인다. 솔씨[松子]를 잣씨[柏子]라 하고 빈과蘋

---

1) ①흰 목련. ②개나리. 영춘화迎春花.
2) 목련과의 교목. 백목련의 일종. 목필木筆.
3) 장미과의 낙엽 관목. 해변에 자생하며 홍자紅紫색 꽃이 핀다. 꽃은 향수의 원료로 쓰인다. 때찔레. 배회화徘徊花.

果를 사과査果라 하면서도 도대체 알려고 하고 따져보지 않는다. 고羔란 새끼 양인데, 염소를 고羔라 한다. 준치[鰣]는 뼈가 가장 많은데, 늑어勒魚를 준치라고 한다. 이는 초목·충어艸木 蟲魚에 대한 연구가 없기 때문이다.

초목·충어를 알지 못할 뿐만이 아니다. 지금 사람들은 머리를 깎고 특이한 복장을 한 자를 보면 만주인이건 몽고인이건 따지지 않고 모두 오랑캐라고 부르고, 서번西番은 서방 오랑캐, 남만南蠻은 남방 오랑캐라 부른다. 사람조차도 모르는 것이다.[4]

(『고운당필기』 권3)

---

4) 오랑캐란 본디 만주족 가운데 한 종족의 명칭인바, 이를 일반명사로 사용할 수 없다는 말.

# 짚
## 藁

대단히 요긴하게 쓰이는 것이 짚이다. 군자창軍資倉과 광흥창廣興倉의 양창兩倉이 심지어 짚을 담당하는 공인貢人을 두고 있고, 조회朝會와 사향祀享에서 모두 진배進排(갖추어 대령한다는 말임. 원주)하여 뜰에 펴면 백관百官들이 그 위에서 절하고 꿇어앉으니, 중요하다 이를 만하다.

이엉을 엮어 지붕을 이고 자리를 엮고 삼태기를 짜고 신을 삼고 말과 소를 먹이며, 짚으로 새끼를 꼬면 크게는 그네 타기, 무거운 물건 끌어당기기, 닻줄 내리기와 작게는 여러 가지 묶고 매는 일들에 잠시라도 없어서는 안 되고, 짚으로 가마니를 짜면 서울로 조운漕運을 실어보내거나 주현州縣에 쌓아두는 군향軍餉과 조적糶糴 및 공사公私 간의 곡식 여러 억만 석이 모두 거기에 담기게 된다.

곡식이 비면 '공석空石(빈가마니)'이라 부르는데 그 쓰임새는 더더욱 절실해서 비단 담장을 덮거나 터진 곳을 막을 뿐만 아니라, 길흉吉凶의 예가 이것 없이는 이루어질 수가 없다. 아무리 지극히 귀한 사람이라도 태어날 때는 '공석'에 떨어지고, 자라서 부인에게 장가들 때 하마석下馬石(말에서 오르내릴 때 딛는 돌)은 반드시 '공석'에 흙을 채워 대신하고, 독서하여 과거 공부를 익혀 과거 보러 궁궐에 갈 때 옆구리에 끼는 것은 '공석'이다. 늙어서 죽고 나면 '공석'은 많을수록 좋다. 상주가 거처하는 움막을 엮을 때 땅에 깔고, 말아서 상주의 베개로 삼는다. 장사지낼 때 각閣을 세우고 막幕을 만드는 것이며, 부토負土와 보토補土가 또 모두 '공석'이다. 극히 가난한 자는 다만 '공석'으로만 싸서 묻어도 안될 것은 없다. 대개 이러하므로 창조倉曹의 낭관郎官은 '공석'의 행하行下(지급한다는 뜻임. 원주)가 제일 힘들고 어려운 일이다. 주현州縣에 있는 것을 영문營門이 공문을 보내 가져다 쓰려고 하면 고을 백성들이 정장呈狀해서 요구하여, 응접할 겨를이 없다.

생각해보건대 사람이 짚을 떠날 수 없음은 마치 물고기가 물을 떠날 수 없는 것과 마찬가지다. 높직한 집 으리으리한 집의 밝은 창문이며 고요한 안석에는 마치 짚 따위는 없을 듯하지만, 그러나 기와 밑바닥의 산목散木과 사방 벽

속의 벽체 골격은 모두 짚으로 꼰 새끼로 묶여 있다. 모든 방에 바른 진흙은 바로 마시馬矢를 섞은 것이니, 마시란 짚을 썩힌 것이다. 문석紋席 바닥에는 틀림없이 짠 짚이 있고 수놓은 베개 속에도 썬 짚이 있다. 사람의 상하 사방 잠자고 생활하는 곳이 모두 짚이다. 우리나라 사람들은 어저귀[1]나 마[檾麻]를 거의 심지 않고, 또 종려나무도 없으므로 짚의 쓰임새는 더욱 요긴하다.

(『고운당필기』 권3)

---

1) 아욱과의 일년초. 그 섬유는 새끼 따위를 꼬는 데 쓰인다.

# 인삼
家蔘




근년 들어 약방에서 가삼家蔘을 많이 파는데, 영남 사람이 재배한 것이다. 산삼山蔘에 비해 효과가 조금 더디지만 값은 삼분의 이나 싸서 약을 복용하는 사람들이 편리하게 여긴다. 충주 사는 심옹경沈翁鏡이 와서 하는 말이, 충주 사람들도 이를 배워서 재배한다고 한다. 그 방법은 이러하다.

곡우 무렵에 응달진 산골짝의 낙엽 썩은 검은 흙을 가져다가 체로 곱게 쳐서 분盆 속에 볼록하게 채우고 바깥의 물이 흘러들지 못하게 한다. 분의 크기에 따라 가삼 뿌리 서너 개를 심는데, 반드시 반쯤 눕히고 반쯤 세워야 싹이 잘 나온다. 분은 담 그늘이나 나무 밑같이 햇볕이 많이 들지 않는 곳에 두고 흙에다 반쯤 묻는다. 분 옆구리에 2~3개 구멍을 뚫어주면 더 좋은데, 흙 기운이 사방에서 모이기 때문이다. 쥐가 알아차리는 것을 제일 조심해야 한다. 쥐는 삼을 극히 좋아해서 삼 있는 곳을 알면 땅을 파고 남김없이 먹어 버리므로, 대와 나무를 엮어 촘촘하게 둘러싸서 쥐를 막는다. 사람들은 또 부녀자가 엿보는 것, 상가喪家에 다녀오는 것도 꺼리곤 하지만 반드시 그럴 것은 없다.

봄에 한 냥쭝짜리를 심으면 가을에 두세 냥쭝짜리를 얻는다. 꽃이 피고 열매가 열리면 그 씨를 받아 뿌려도 싹이 나는데 1년 만에 바늘만큼이나 자란다. 산삼에서 종자를 옮겨온 것은 3년이 지난 뒤에야 자라는데, 이것도 '가삼'이라 부른다. 영남 사람들은 밭에다 씨를 뿌려 채소나 마찬가지로 키우니, 대개 토질에 적합하기 때문이다. 이문이 생기는 것을 사람들은 다투어 따라 본뜨기 마련이라, 소 팔고 논밭 팔아 삼과 바꾸어 재배하는데, 종종 부자가 된 이도 생겼다. 이 소식이 고개 넘어 충주까지 이른 것이다.

삼은 이웃 나라와의 교역에서 중요한 물품이어서, 강계江界[1] 백성들은 삼을 캐어 바치느라 곤궁해져 떠돌이가 되어 도망가버린 자가 태반이다. 성상聖上(정조)께서는 항상 이 점을 염두에 두어 누누이 대신과 비변사의 담당자들에게

---

1) 강계江界: 지금 평안북도에 있는 郡.

바로잡을 방책을 강구하라 분부하셨다. 그래서 세금을 감해주고 삼의 가격을 올려주니, 살뜰한 배려 덕분에 강계 백성들은 소생하게 되었다. 대개 삼은 산에서만 자라는 것은 아니고 재배하여 얻을 수도 있게 된 데다 더구나 사람들이 즐겨 심는 것이니, 얼마 안 되어 전국에 퍼지지 않겠는가. 나라 안에 삼이 충분하게 되면 강계 백성들은 저절로 곤란을 당하지 않을 것이니, 어찌 다행이 아니겠는가. 내가 일부러 그 재배법을 기록하여 뜻 있는 사람들이 보게 한다.

(『고운당필기』 권3)

# 담배
## 淡婆姑

    일본에서는 담배를 담바고淡婆姑라 부르고 잘게 썬 담배를 지삼이支三伊라고 부르는데, 우리말도 그러하다. 대개 연초煙草가 본디 일본에서 전래되었으므로, 우리나라 사람들이 일본말을 본떠 그대로 부르게 된 것이다. 지금 사람들은 그것이 일본말인 줄을 모르고 제멋대로 해석하기를,

    담바고淡婆姑란 담파괴膽破塊 - 담膽에 생긴 덩어리를 깨뜨린다 - 라는 말이니, 담배란 성질이 담痰(가래)을 제거하기 때문이다. 지삼이支三伊란 진삼미鎭三味에서 온 말이니, 호남의 진안鎭安과 관서關西의 삼등三登(평안남도 강동군 일대)에서 좋은 연초가 생산되기 때문이다.

라고들 하니, 그 설명이 그럴듯하지만 견강부회가 심하다. 예로부터 잘못된 풀이가 이와 같은 경우가 많다.

(『고운당필기』 권5)

유득공은 50대 초반에 담배 재배 방법에 관한 책인 『연경烟經』을 지었을 것으로 추정된 바 있다. 아울러, 이옥이 1810년에 지은 『연경』은 그 실체가 소개되었다.[1] 『고운당필기』의 이 기사는 유득공 46세(정조 17, 1793)를 전후한 시기의 기록이다.

---

1) 자료 발굴과 연구는 김영진, 「이옥 문학과 명청 소품」(『고전문학연구』 23, 한국고전문학회, 2003. 6)에서 이루어졌다. 『연경』은 『문헌과 해석』 24, 2003년 가을호에 안대회의 해설과 함께 영인되었다.

# 귀마개
耳掩

　당상관은 담비 가죽 귀마개를 하고 당하관은 쥐가죽 귀마개를 한다. 귀마개는 난모煖帽라고도 부르는데, 그 모양은 밖은 털이고 안은 솜으로, 불룩하니 감싸는 모자다. 양쪽으로 귀를 가리고 한 가닥 끈이 등에 드리워진다. 초겨울부터 초봄까지 착용을 허락한다. 십수 년 전에는 당하관과 음관蔭官은 그다지 착용하지 않았고 오직 호조와 선혜청의 낭관郎官 및 묘유卯酉 사관仕官이 혹 착용하였지만 드물어서 6인에 지나지 않았으니, 조정 관리들이 '여섯 귀마개'라고 놀리곤 하였다. 지금은 참외參外 유품流品까지도 착용하지 않는 이가 없으니, 귀를 아껴서가 아니라 남과 같지 않음을 부끄러워해서다. 하지만 귀마개의 제도制度는 옛 서적을 살펴보아도 보이지 않는다.

(『고운당필기』 권3)

# 북어
## 北魚

 한 지역에서 생산되어 팔도八道에 두루 퍼지는 것은 북해北海의 명태明太가 바로 그것이다. 이 고기는 이름이 지극히 많은데, '북어'라 하는 것은 길쭉한 키, 가는 비늘에 옅은 검은색이다. 얼린 것이 맛이 좋고 반쯤 말린 것도 좋은데, 오래 말리면 맛이 점점 못해진다. 알은 소금에 절일 수가 있는데, 이른바 '명란明卵'이라는 것이다. 어상魚商들이 덕원德源의 원산圓山[1]에 모여들어 짐바리가 남쪽으로 향하는데, 철령鐵嶺 이남의 산골짝에서 재갈을 나란히 방울소리 울리며 끝없이 이어져서 끊이지 않는 것이 모두 이 고

---

1) 함경도 덕원부德源府에 있던 진명현鎭溟縣의 옛 이름. 지금은 '원산元山'이라 쓴다.

기다. 전국 점방店房에서의 반찬이며 안주 및 시골 촌구석에서 손님 접대며 제사에서 이 고기를 쓰지 않을 때가 없으니, 그 유익함이야말로 넓기도 하다.

이 고기는 함흥咸興 이북에서 나니 고려高麗 사람들은 맛볼 수가 없었을 듯하고 여진女眞이 독차지하는 바가 되었는데, 성조(聖朝: 조선 태조)가 북관(北關: 함경도)을 개척하고서야 백성들이 그 이익을 보게 되었다.

살펴보건대 『설문해자』에, 사鯊[2]·노鱸[3]·사魳[4]·역鱳·국鮂·첩鯜은 낙랑樂浪에서 나고, 옹鰅[5]은 낙랑 동쪽과 서쪽에서 나고 분魵·면鮸[6]은 예薉와 사두국邪頭國에서 난다고 하였다. 예薉는 예濊이고, 사두국이란 낙랑의 속현屬縣인 듯한데, 사두邪頭는 '어둡다'는 말이다. 아홉 가지 물고기는 모두 우리나라의 물고기이지만 지금 알 수 있는 것은 오직 민어民魚가 '면鮸'이라는 것뿐, 나머지는 알 도리가 없다. 북어란 이 가운데 어떤 물고기일까? 『이아爾雅』에 조예가 깊은 사람을 기다릴 수밖에 없는 일이다.

2) 상어. 모래무지. 문절망둑.
3) 농어.
4) 물고기 이름. 노어老魚.
5) 자가사리. 반어班魚.
6) 참조기. 황석수어黃石首魚.

내가 포천抱川 군수로 있을 때 내각內閣의 동료에게 부친 시에,

   찬합 속에 서초西艸 없어 부끄럽지만,  縱羞盒裏無西艸,
   밥상에 오른 북어北魚 한편 기쁘네.   且喜盤中有北魚.

라 하였다. 포천은 북로(北路: 함경도)로 가는 길머리의 역참驛站이므로 북어가 많이 팔린다. 서초西艸는 바로 관서關西에서 나는 금사연金絲煙[7]인데, 높은 벼슬아치가 아니면 계속 피울 수가 없다(뒤에 『왜한삼재도회倭漢三才圖會』를 상고해보니, 북어北魚는 처음 비鮄 자로 되어 있었다. 또 북관北關 사람의 말을 들으니, 명태明太란 여진 말이라 한다. 원주).

              (『고운당필기』 권4)

---

7) 속칭 서초西艸. 평안도의 삼등三登·성천成川 등지에서 나는 좋은 담배.

# 평양 사람들은 대동강물을 마심
## 平壤人, 飮浿江

평양 사람들은 대동강물을 마신다. 종일 물을 져서 대동문大同門을 들어가므로 문 안의 흙이 항상 젖어 있다. 풍수지리가들은 말하기를, '평양은 배의 형상이고 배는 바닥을 뚫어서는 안되므로, 우물 파기를 꺼리고 강물을 마신다'고들 한다.

내가 『삼국사三國史』를 읽자니,

"고구려는 산골짜기를 따라 거주하고, 산골짝 물을 마신다"

하였다. 그렇다면 강물을 마시는 것은 예로부터의 습속이니, 견강부회한 말을 논파論破할 수가 있다.

(『고운당필기』 권4)

# 다식과 약과
茶食藥果

　우리나라 시속時俗의 음식에 다식이 있다. 송화 가루, 밤 가루, 흑지마黑芝麻 등의 여러 색깔을 벌꿀에 타서 꽃잎 모양으로 빚어 접시에 포개 쌓아 올려내면 볼 만하다. 최근 주석창朱錫鬯의 『일하구문日下舊聞』을 열람하니, 주린周麟의 『해릉집海陵集』을 인용하여 "여진 풍속은 다식을 중요하게 여기는데, 아고타阿姑打가 개국한 초기에는 더욱 이것을 중시하였다. 중국의 병이餠餌 따위와 비슷한데 많게는 수십 종에 이르고, 큰 쟁반에 쌓아올려 높이가 몇 자나 된다. 가는 곳마다 손님 접대와 연회에 쓰인다" 하였다(주周의 말은 여기까지다. 원주).

　비로소 다식이 여진 풍속에서 나왔음을 알겠다. 아고타는 고기를 주식으로 한 사람인데 도리어 이 달콤한 다식을 좋아하였다니 이상한 일이다. 또 주천周煇의 『차원록此轅錄』을 살펴보니, 꿀을 면麵에 타고 기름으로 달인 것을 오랑캐가 몹시 진귀한 음식으로 여긴다고 하니, 이것은 지금 이른바 약과藥果다.

(『고운당필기』 권4)

# 제3부

# 시문에 대한 생각과 그 실천

# 우리 시의 맹아
## 三韓詩紀序

옛날 단군이 처음 일어났을 때는 인문人文이 밝지 못하였는데 기자箕子가 우리나라에 봉해지고 나서 여덟 가지 가르침을 베풀었다. 그리고 백마白馬를 돌이켜 주周나라에 조회를 갔다가 언덕의 보리를 보고 상심하여 노래를 읊조림에, 처량하고 구슬퍼 국풍國風의 지류이자 우리나라 시의 비조鼻祖가 되었다. 그 뒤 위만衛滿이 우리나라를 습격해서 무력만을 높게 여기자 마한馬韓은 남으로 달아나 지리멸렬해져서 이름이 들리지 않았고, 사군四郡과 이부二府는 잘려서 중국 땅으로 되었다. 조선 열수洌水가 좋은 기회를 만났음에도 문화적인 교화가 드러나지 않았던 것은 아마도 한漢나라가 배치한 관리들이 문옹文翁[1] 같은 적임자가 아니었기 때문일까?

신라·고구려·백제가 정립鼎立하게 되자 세대가 내려 올수록 전쟁은 매일처럼 계속되어서, 시와 음악에는 캄캄하기가 마치 천지가 나뉘지 않았을 때 같은 혼돈의 와중이나 문자가 생겨나기 이전과 같았다. 회소會蘇·도솔兜率은 곡의 이름만 있고 가사는 없으며, 현학玄鶴·가야금伽倻琴은 곡조만 있고 가사는 없다. 고구려의 을지문덕은 오언시의 비조가 되었고 신라의 거인巨仁은 칠언시를 백량체柏梁體에 견줄 만한데, 이들보다 앞선 시는 없었을까? 아마도 이때 와서야 비로소 드러났을 뿐이리라.

그러나 우리나라의 옛 시 가운데 「공후인箜篌引」 「인삼찬人蔘讚」 같은 것은 중국 사람들의 기록에서 전한다. 그러니 은둔한 사람들은 작품이 비록 천이나 만이 되더라도 수천 리 밖의 사람이 풍문으로 듣고 그 한둘을 전해주기를 기대하는 형편이니, 어렵지 않겠는가? 은둔한 채 지낸 훌륭한 분들인 을파소乙巴素나 백결 선생의 저술이 하나도 보이지 않는 것은 이 때문이니, 이는 식견 있는 사람들이 한탄하고 걱정하는 바다.

우리 조선에 들어와서 이루어진 선집選集으로 『동문선東

---

1) 한나라 무제 때 관리. 촉蜀 지역의 지방관으로서 학교를 설립하는 등 문화적 업적이 뛰어났다.

文選』『기아箕雅』 등 여러 책이 있으나 겨우 최치원崔致遠·박인범朴仁範 이후일 뿐 삼국시대 이상은 버려 둔 채 거론하지 않는 것은 또 무슨 소견일까? 나는 일찍부터 이 문제에 뜻을 두어왔다. 임진년(영조 48, 1772)에 마침 한가롭게 지내게 되어, 나라의 역사책을 펼쳐 숨은 광채를 드러내고

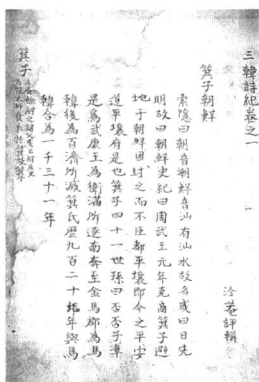

『삼한시기』, 이화여대 소장본

야사野史를 두루 살펴 하잘것없는 것도 찾아내었다. 이는 마치 삼대三代 때의 고기古器는 남아 있기만 하면 다 진기한 보배여서 다시 가리고 선택할 여지가 없는 것과 마찬가지라 할 것이다. 『시경』에, "훌륭한 위의威儀, 가려 뽑을 수가 없구나" 하였으니, 이 역시 그런 경우다.

「맥수가麥秀歌」를 첫머리로 하여 신라 말에서 끝마쳐 한 권으로 하고, 따로 최치원·최언위·최광유·박인범의 시와 발해인의 시, 당나라 사람들과 주고받은 시를 모아 한 권으로 만들어서 부록으로 하였다. 이름하여 『삼한시기』라 한다. 갑오년(1774) 하짓날, 영암冷菴은 쓴다.

(『삼한시기三韓詩紀』)

유득공의 문집인 『영재집』 권7의 첫머리에 실린 「동시맹서東詩萌序」와 거의 같은 내용이다. 유득공이 『동시맹』이라는 저작을 따로 이루었는지는 늘 궁금한 문제였다. 그런데 『삼한시기』라는 이름의 필사 단행본을 이화여자대학교 도서관에서 확인할 수 있었다. 문집과는 달리 서문 끝에 27세 때 저작임이 명기되어 있고, 따라서 『동시맹』 내지 『삼한시기』는 유득공 최초의 저작이 된다.

서문에 이어 본문 첫 장에 "삼한시기 권지일卷之一"이라고 한 것으로 보아 애초 단권으로 기획된 것은 아닌 듯하다. 그 아래에 "영암 집평泠菴輯評"이라고 하였는데, 각각의 시마다 "영암왈冷菴曰"로 시작하는 평어가 빠짐없이 첨부되어 있다. 기자조선·고구려·백제·신라에 이어 태봉과 후백제를 부록으로 덧붙였다.

『고운당필기』 권5의 「동시연기東詩緣起」라는 조목도 이와 유사한 내용을 담고 있다. 「맥수가」가 처음이고 「절영마絶影馬」가 끝에 놓여 있다. 그 다음에, "이상이 우리나라 시의 연기緣起이니, 『대동시기大東詩紀』를 편찬한다면 마땅히 첫머리로 삼아야 한다"고 하였다. 유득공은 우리나라 역대 시 전체를 대상으로 한 선집을 기획하였던 듯 하다.

# 시는 그림
湖山吟稿序

 

이상도 하지, 완정씨玩亭氏[1]의 시에 대한 견해는! 성률聲律은 언급하지 않고 채색彩色으로 설명하다니. 그의 설명은 이러하다.

글자란 비유하자면 대[竹]며 부들[蒲]이고, 문장은 비유하자면 그것으로 만드는 발[簾]이며 부들자리[席]다. 붓으로 써놓은 글자는 무미건조하여 검을 뿐이며, 대는 비쩍 마른 노란색이고 부들은 시들어빠져 희기만 할 뿐이다. 그러나 노란 대를 엮어 발을 만들고 흰 부들을 짜서 부들자리를 만들어 놓으면 가지런히 늘어 세우기도 하고 겹쳐 포개기도

---

1) 이서구李書九(1754~1825). 당호堂號가 소완정素玩亭이다.

하여, 살아 움직이듯 무늬가 이루어져 물결이 찰랑대는 듯 불꽃이 빛나는 듯 노란색과 흰색 이상의 것을 얻게 된다. 하물며 명색이 글자를 써서 글귀를 만들고 글귀를 배열하여 문장을 짓는다면서 말라비틀어진 대나 시들어빠진 부들보다도 못한 상태에서 그만둘 사람이 있겠는가?

그가 말하는 채색이란 다 이런 종류다. 사람들은 대부분 "그럴까?" 하지만 나만은 그의 말 듣는 것을 즐겁게 여겨서 어떤 때는 온종일 진지한 토론을 그만두지 않았다.

병신년(정조 즉위년, 1776) 여름, 완정 씨는 세상의 험난한 변고를 당해[2] 서울에 머무르고 싶지 않아, 도성을 벗어나 한강 가에 잠시 머물다가 이어서 동쪽 외진 고을로 들어갔다.[3] 몇 달 만에 돌아와 그가 지은 『호산음고湖山吟稿』 한 권을 꺼내 보여주었는데, 대개 어부와 나뭇꾼들의 노래였다. 명랑하고 깨끗하며 유창하고 매끄러워서 은은하면서도

---

2) 이때 이보온李普溫이라는 자가 이서구의 과거 합격은 사사로운 경로를 통해서였다고 탄핵하였다. 이서구는 이 일로 1784년까지 8년간 관직에서 물러나 있었다.
3) 이서구가 들어간 동쪽 외진 고을이란 당시 영평현永平縣 양문리梁文里, 지금 포천군抱川郡 영중면永中面 양문리다. 그 조상들의 묘소가 있는 곳이다.

약동하듯 하여, 손으로 어루만져보면 금세 알 듯 하면서도 세상을 오시傲視하는 점이 있었다.

나는 농담으로 물었다.

"이것은 또 어떤 채색인가요?"

완정 씨는 웃으면서 대답하였다.

"그대는 아직 깨닫지를 못했습니까? 눈이나 달을 그리는 경우, 단지 구름 모습만을 그려놓으면 눈이며 달은 저절로 드러나 보이지요. 어찌 꼭 금칠을 바르고 단사丹砂를 칠해야만 채색이라 하겠습니까?"

나는 그제야 펄쩍 뛰며 기뻐하였다.

"그대의 시에 대한 견해는 육서六書에 근거를 둔 것이었군요."

육서의 조목은 첫째가 상형, 둘째가 회의, 셋째가 지사인데, 그림은 상형에 뛰어나고 시는 회의에 뛰어나고 문文은 지사에 뛰어나다. 시경詩境이 없는 그림은 메말라 운치가 없고 화의畵意가 없는 시는 캄캄하여 문체가 없으니, 시·문과 서·화가 서로 보완되어야 하고 어느 하나만을 공부해서는 안 된다는 사실이 이와 같다. 완정 씨한테 들은 말을 기술하여 이를 서문으로 삼는다.

(『영재집』 권7)

채색설彩色說이라고 할 이서구의 시론을 소개하고 있다. 이서구는 시작詩作에서 왕사정의 신운설을 본격적으로 실천한 사람이다. 그래서 이서구를 가르친 이덕무는 그를 두고 왕사정에 대해 등당입실登堂入室하였다고 말한 바 있다. 말하자면 왕사정은 젊은 시기 유득공을 포함한 백탑 동인들의 뇌리를 지배한 존재였고, 이서구의 『호산음고』는 이들의 왕사정 시 해석 수준을 보여주는 결과물이라고 할 수 있다.

# 시와 농사일
### 田園雜詠序

 옛날 시인들은 농사일을 즐겨 시로 읊었다. 구름과 비가 기름지게 적셔주는 것, 서리와 이슬이 말라 시들게 하는 것, 곡식이 무성하게 자라는 것, 노적가리를 담처럼 쌓아놓은 것 등의 모양과, 쟁기·따비·가래·호미 등 농기구와 들밥을 내가는 광주리며 둥구미, 아내와 아들이 가장의 노고를 도와주는 것, 술잔을 들어 나라의 은덕에 감사하는 것 등의 일을 빠뜨리고 버려 두는 것 없이 영탄하여 노래로 읊었고, 일꾼들이 맛있게 들밥을 먹는 소리와 권농관勸農官이 기뻐하는 기색까지도 모두 곡진하게 묘사하기를 마치 직접 보고 듣는 듯이 하였다.[1]

 1) 이상은 모두 『시경』에 있는 시들을 두고 한 말임.

나는 농사일이야말로 수고롭되 원망하지 않고 즐겁되 지나치지 않아, 온유돈후溫柔敦厚의 이치를 깊이 체득해서 시도詩道와 서로 통한다고 생각한다. 그러나 옛 농부들이 반드시 다 시에 능한 것은 아니어서, 시는 그 시대의 현사·대부賢士大夫들에게서 많이 나왔다. 어떤 시는 악기로 연주하여 종묘에 쓰이기도 하고 악관을 시켜 아침저녁으로 임금에게 외워서 아뢰기를 그만두지 않게 하였으니 농사일이란 중요하고도 큰 일이다. 더욱이 농사일을 읊은 시는『시경』의 아雅와 송頌에는 많이 들어 있지만「빈풍」을 제외한 십이국풍十二國風에는 거의 보이지 않으니, 이로 보아 농사일을 읊은 시가 정성正聲이며 치세治世의 음악임을 알 수가 있다. 지금 사대부들은 집안에서만 커서 애당초 농사일이 어떤 일인지도 모르고 기장·벼·수수 등을 그 이름은 들먹이지만 그 모양은 분별하지 못하는 자도 간혹 있으니, 시를 모르는 사람이 많은 것이 당연하다. 이런 사람들이 백성을 다스리게 되면 백성의 어려움을 알 도리가 없고 조정에 섰을 때도 백성의 어려움을 읊은 시를 외워 왕에게 들려줄 자질을 기대하기란 어려운 일이다.

지포자芝圃子[2]는 평소 시를 잘 지었다. 나이 스물에 과거에 급제하여 대궐문을 들어서 옥당玉堂에 올라 당당하게 조정에서 벼슬을 함에 그의 뜻을 펼칠 날이 곧 올 것으로 기대되었다. 그런데 갑자기 서울에 사는 것을 좋게 여기지 않아 나귀를 채찍질하여 동대문을 나서 경서經書를 싣고 부용산芙蓉山으로 들어와 나를 찾아 함께 적막한 곳에서 거처하였다. 나는 지포자에게 말했다.

"이제부터는 두문불출 문을 닫아걸고 깊숙이 거처하며 옛 서적을 읽고 다시는 문밖을 나가지 않는 것도 괜찮겠지요?"

이때 계절은 마침 늦은 가을이라 들판에는 곡식이 영글었고 농부들은 아직 일손을 쉬지 못하고 있었다. 지포자는 두건에 간편한 옷차림으로 들판에 나가 매섭고 사나운 가을 바람과 서리를 몸소 느끼고 변천・영락하는 계절의 모습에 강개해 하였다. 밤이면 시골 마을 노인들과 화롯가에 섞여 앉아 농사 상황을 묻고 사는 형편을 물으며 닭고기에 기장밥을 마련해 술을 마시며 서로 즐거워하였다. 이윽고 시를 지어 약간 수를 묶어 『전원잡영田園雜詠』이라 이름하였는데, 농가의 일을 많이 읊었다. 섬세하면서도 분방하고 완곡하면서도 빠뜨린 것이 없어서 옛 시인들이 읊조리고 감탄한 것과 같았다. 나는 이때야 현사・대부들이 농사일을 즐겨 시로 읊조린 까닭을 알았으니, 시골의 늙은

---

2) 유득공과 친분이 각별하였던 송준재宋俊裁의 호.

농부들이 미칠 수 있는 바가 아니었다. 농사일을 읊은 시에서 교화를 고무시키고 널리 펴며 일을 즐거워하고 분수를 편안히 여기는 뜻은 악기로 연주할 만하고, 일년 내내 부지런히 노동하며 몸을 수고롭게 하고 노력을 다하는 일은 왕에게 외어서 아뢸 만하다. 더구나 이 두 가지는 모두 온유돈후의 뜻에 근본하여 거룩하게 치세治世의 정성正聲이 되었으니, 임금을 섬기고 백성을 다스리는 방법이 여기에 있을 것이다.

아! 지포자가 어찌 이곳에 오래 머물 사람이리요. 돌아가 더욱 노력하시게나. 그래서 이 밝은 시대가 악장樂章에 노래로 올라서 덕을 칭송하는 말이 연이어 실리고 비比와 흥興을 길이 드날려 국풍 및 대·소아와 아름다움을 견주게 한다면, 웅편거작雄篇巨作을 짓지 않으면 그만이거니와 만약 짓는다면 반드시 귀결되는 점이 있게 될 것이다. 지포자는 비록 이곳에 오래 머물러 시골의 즐거움을 읊조리려 해도 그렇게 할 수가 없을 것이다. 아! 힘써 노력하시게나. 나 같은 사람이야 물러나 거처하며 몸소 밭을 갈아, 시인이 읊조리는 작품 속의 한 농부가 되는 것만으로도 충분한 터이다.

(『영재집』 권7)

이 글의 핵심어로 기능하고 있는 온유돈후溫柔敦厚라는 말은 표면적 의미만으로 보아 넘겨서는 안 될 것으로 생각된다. 그 용어 자체는 『시경』이나 두시杜詩를 말할 때 항용 사용되지만, 유득공의 경우 그것은 심덕잠沈德潛과 연결되는 것 아닐까. 심沈이 갖고 있는 보수성 내지 체제지향적 성향과 단선적으로 이어질 가능성은 또 다른 문제가 되겠지만.

# 의약醫藥과 시작詩作
## 秋室吟序

 『추실음秋室吟』 몇 권은 윤치삼尹穉三 군의 저술이다. 지난날 나는 이무관李懋官(이덕무) 및 동지 몇몇 사람들과 서울에서 시를 지었는데, 벗들과 글을 짓고 술을 마실 적이면 뜻과 기개가 서로 맞았으니, 구차하게 영합하여 모인 것은 아니었다. 얼마 뒤 나는 무관과 함께 내각內閣(규장각)에서 봉직하느라 여념이 없었다. 나는 또 군수로 나가 밤낮으로 장부와 문서를 만지느라 머리가 희끗희끗 희어졌는데, 서울에서의 옛 교유는 어느덧 벌써 이십 년 전의 일이 되었으니, 매양 한 번씩 생각날 때마다 한숨쉬며 크게 탄식하지 않은 적이 없었다.

 기유년(정조 13, 1789) 겨울에 내가 군수 자리에서 물러나 돌아오니, 치삼은 바야흐로 사림士林들 사이에 명성이 자자

했다. 그러나 여러 번 과거를 보았지만 매번 낙방하자 드디어 과거 공부를 포기하고 그가 거처하는 방에 '추실秋室'이라 편액을 붙였다.

그는 지은 시를 꺼내 내게 보여주었다. 내가 물었다.

"추실이란 무슨 의미인가?"

치삼은 초연愀然히 있다가 한참 만에야 대답했다.

"제가 가을 기운을 많이 지녔다 생각되어서 그렇게 붙여본 것입니다."

그의 시를 읽어보니 짙고 섬세하며 밝고 고운데다 천기天機가 발현되어 있어서, 요즈음의 모방에만 급급한 시와 견줄 것이 아니었다.

나는 농담 삼아 물어보았다.

"자네 말로는 가을 기운을 얻었다 하였는데, 시에는 봄날 구름의 자태가 있음은 어째서인가?"

"예로부터 가을의 비장함을 지닌 문인으로는 굴원屈原·송옥宋玉만한 사람이 없습니다. 그러나 아름다운 미인이나 향기로운 풀이 어찌 그들의 글에서 결점이겠습니까?"

나는 그의 말을 옳다 여겼고 그의 시를 좋아했지만 서문을 써주지는 못하였다. 치삼은 얼마 안 있어 병이 들어 여러 달을 약탕관을 안은 채 문을 닫아걸고 깊숙이 거처함에, 자못 답답하고 울적하여 뜻을 얻지 못한 사람 같았다. 사람을 시켜 나에게 말을 전해왔다.

"아직도 한 마디 해주실 말씀이 없으신지요?"

나는 답하였다.

"내가 어찌 할 말이 없겠는가? 그대가 지금 병이 들어 약을 복용하고 있으니, 약으로 비유를 하려 하네. 옛날에는 의원들이 한 가지 약초와 하나의 약석藥石을 투여하면 병이 잘 나았네. 본초本草가 날로 증가하고 의학이 차츰 구비되자 다시 부득이 맵고 단 것을 보태고 순하고 독한 것을 합하여, 약에 군君이 있고 신臣이 있으며, 돕는 것이 있고 부리는 것이 있은 다음에야 바야흐로 잘 조제한 약으로 되었네.

지금 저 『시경』 『초사』와 한·위漢魏 이래의 여러 작품들은 모두 시를 짓는 사람들의 본초로서, 날로 증가하고 또 차츰 구비된 것이라 할 수 있네. 만약 '당시만 배우고 송시는 배우지 말라'거나 또는 '송시만 배워야지 당시는 배울 것 없다' 한다면 이는 한 가지 약초와 하나의 약석을 요즘 사람의 병에 투약하고 스스로는 옛 처방이라 뽐내는 꼴이니, 어리석지 않으면 망령된 일이네. 그러므로 '무엇을 따로 배우며 무엇인들 배우지 않으리요'라 해야 할 것이네. 두루 참고하여 맞추어보되 성정에 근본을 두며, 신묘하게 변화시키되 그 귀결되는 지취志趣를 잘 음미할 것―이렇게 해야 할 뿐이지 않겠나.

이는 내가 이십 년 전에 두세 동지들과 이야기한 것인데, 오늘 거론하여 그대에게 들려주네. 어떻게 생각되는지?"

두세 동지들은 여전히 그대로 있고 또 치삼을 더 얻었다. 나는 지금 한가롭게 지내고, 아직은 여생이 남아 있으니 이전의 교유를 계속할 수 있을 터이다. 이것이 이 서문에 기쁜 마음을 기록하는 까닭이라 하겠다.

(『영재집』 권7)

# 시를 쓰려는 젊은이에게
## 鄭求仲詩集序

　시를 짓는 일이 비록 보잘것없는 재주이지만, 전일專一하고 용감하게 힘쓰지 않으면 힘을 씀이 깊지 못해서 중도에 그만두고야 만다. 나는 정구중鄭求仲한테 이를 알게 되었다.

　구중은 영남의 압량押梁[1] 사람이다. 어릴 적부터 서울에 유학을 하였는데, 형과 두 아우 세 형제가 선조의 농토와 집을 지키고 있었으므로 고향에 대한 그리움은 없었고, 나이 스물여섯인데도 장가를 들지 않았으므로 가정에 대한 부담이 없었다. 천성이 순박·정직하여 썩 기이하고 훌륭한 인재가 있다는 소문을 들으면 인연에 따라 해후하기를

---

1) 지금 경상북도 경산시 일대.

기다리지 않고 곧장 달려가서 사귀고 돌아왔다. 술을 마시지 못했지만 곧잘 술 마시는 사람과 겨루다가 술이 지나쳐서 크게 토하고 쓰러지고 해도 후회하지 않아 차츰 술을 마시게 되었다. 바둑도 본디 하수下手였지만 "꼭 이길 수 있다" 하고 여러 판을 져도 거듭 대들어서 차츰 두게 되었다. 경사스런 때 연회를 치르는 날 비바람이 처량하게 몰아쳐 청한 손님들이 많이 오지 않아도 유모油帽 쓰고 나막신 신고 느릿느릿 오는 사람은 영락없이 구중이었다. 술이 거나해져서 기쁘게 웃고 이야기하다가 전혀 마음에 거슬리는 일이 없더라도 마음을 돌려서 간다고 나서면, 아무리 그 옷을 벗기고 신을 감추더라도 기어코 가고야 말았다. 때문에 사람들은 모두 그를 어리석다 지목하였지만 나만은 그를 아껴 가까이하였다.

아! 구중은 세상에 살면서 고향에 대한 그리움과 가정에 대한 부담이 그 마음을 뒤흔드는 일이 없었으니, 전일專一하였다고 할 수 있다. 마음으로 바라는 것, 능력이 닿는 일이면 천성대로 행동을 하여, 그가 찾아와도 사람들은 의심을 하지 못하였고, 그가 떠나가도 사람들은 만류하지 못하였다. 용감하지 않으면 이렇게 할 수가 있을까? 그의 행동은 크게 보자면 덕행德行이요 그 다음으로 보아도 훌륭한 사업事業을 하지 못할 것이 없었을 터인데, 하물며 시 짓기

정도임에랴.

 구중은 처음에 시를 지을 줄 몰랐는데, 나를 따라 배운 몇 년 동안 당·송·원·명 나라 여러 작가들의 시집을 보고 마음 속으로 좋아하였다. 빌려다가 뽑아 옮겨 적었는데, 헝클어진 머리에 땀을 흘리며 밤낮으로 그만두지 않았다. 이윽고 공부한 것을 시로 읊어내는데, 맑고 유원悠遠하며 아름답고 고아하여 고계적高啓迪의 시풍과 흡사하였다. 드디어 한 시대에 이름을 날리게 되자 그는 "좋아하는 바가 여기 있었구나" 스스로 한탄하였다.

 만약 구중이 시를 보고서 흠모하고, 흠모하여 배웠더라면 지금 이미 잘 지을 수 있었을 것이다. 그리고는 시 짓기를 내버리고 이보다 더 나은 것을 배우려 했을 것이다. 이를 서문으로 써준다.

(『영재집』 권7)

# 변일민의 시집에 붙임
雪癡集序

　작고한 벗 변일민邊逸民은 시로써 세상을 울리었다. 집이 가난하여 쓸쓸히 지내면서 술주정을 부리곤 하더니 무변武弁을 따라다니다가 끝내는 남해 바닷가에서 죽었다. 사람들은 그를 서위徐渭에 비유하는데, 행적은 더러 비슷한 듯도 하지만 그의 시는 서위와 견주어 어떠할까? 어느 쪽이 낫다 쉽게 판단하지 못할 것이다.

　돌이켜보면 나는 18~19세 무렵 시 짓기를 배울 때, 스스로 능하다고 여기지 않은 적이 없었다. 일민은 구성駒城(경기도 용인군)의 산중에서 독서를 하여 그 독서가 넉넉하게 된 다음에 서울로 나왔다. 나보다 여덟 살 연장이었는데, 나와 사귀게 되자 몹시 기뻐하였다. 봄가을 한가한 날 북한산 계곡에서 시 짓는 모임이 있을 때면 일민은 큰 키에 어깨를 치켜세우고는 검은 색 폭건幅巾을 쓰고 질질 신을 끌고 찾아왔다. 그러면 자리에 있던 사람들이 모두들 그에게로 시선을 돌리는 것이었다. 술이 거나해지면 운자를 부르고는 나무에 기대 눈을 감고 앉는다. 잠시 뒤에 마치 범패를 부르듯이 시를 읊조리고는 붓을 찾아 휘갈겨 내려쓰는데, 좌중의 사람들이 모두 몰려들어 보고는 찬탄을 하며 잘 되었다 칭찬하였고, 나도 따라서 잘 지었다 칭찬하지 않은 적이 없었다. 얼마 안 되어 여러 곳으로 유람을 떠나, 마침내 돌아오지 못하게 되었다.

내가 내각에서 봉직한 지 이십여 년 만에 옛 벗들과는 연락이 끊겨 서로 왕래하지 않게 되었고, 그 중에는 벌써 죽은 사람도 비단 일민뿐만은 아니다. 매양 일민의 사람됨을 생각하고 때로 그의 시가 매우 좋았다는 기억을 떠올리곤 했지만 시구 하나도 외우지를 못했었다. 신유년(순조 1, 1801, 유득공 54세)에 파직되어 집에 있는데 이중립李仲立 군이, 가려 뽑아 베껴 쓴 『설치집雪癡集』 한 권을 부쳐보내 서문을 청해왔다. 바로 일민의 시였다. 옛날을 돌이켜 생각함에 착잡하여 눈물이 흘러내렸다. 그 시의 제목들을 살펴보았더니 나와 주고받은 시가 꽤 있었는데, 시어가 모두 정성 들여 다듬어져 후세에 전할 만하였다. 나는 그때 지은 시를 벌써 없애버려서 하나도 남은 것이 없으니, 지난날 스스로 능하다고 여겼던 것이 지금 과연 어떠한가? 일민의 시를 보고 일찍이 잘되었다 칭찬하지 않은 적이 없었던 것도 틀림없이 현재의 정견定見과는 다른 것이고, 다만 다른 사람들의 말을 따랐을 뿐이었으리라. 보잘것없는 학식으로 자기만족에 빠져 함부로 남의 시문을 논평하는 자들은 어찌 이 말을 준칙으로 삼지 않을 것인가?

일민의 시는 근체에 뛰어난데, 타고난 재능이 워낙 빼어난데다 읽은 책 또한 많았다. 그래서 시상을 만드는 것이 깊고도 원대하고 고사 인용이 나는 듯 생동감이 있었다. 그의 시의 원류를 거슬러 올라가면 검남劍南(陸游)·우산虞山(錢謙益)의 사이에서 구해야만 할 터인데, 서청등徐青藤(청등은 서위의 호)에 비교한다면 이는 진실로 일민이 배우려한 대상이 아니다. 시를 논하면서 "성령性靈을 주로 한다" 하여 꼭 책을 많이 읽을 것은 없다고들 한다. 그러나 나는 그것이 무슨 소리인지 모르겠다.

몇백 년 이래 벼슬하지 못한 평민이 쓴 시 가운데 일민의 시보다 뛰어난 것이 없다는 것은 시를 아는 사람하고만 더불어 말할 수 있을 뿐이다. 아! 가령 일민이 살아서 나의 지금 이 말을 듣는다면 어떻게 생각할까? 나는 안다. 일민은 박장대소를 하고 술을 청해 한 번 크게 취하리라. 그러나 이제 그는 떠나버려서, 어떻게 해볼 수가 없구나.

일민은 자字이고 이름은 일휴日休다. 설치는 호인데, 가가생呵呵生이라고도 하였다. 자식은 없다. 중립仲立이 친구들과 주고받은 시축에서 일민의 고체·근체시 약간 수를 뽑아 모아서 이 시집을 만들었다. 일민의 본디 원고는 어디 있는지를 알지 못하니, 더욱 슬픈 일이다.

(『영재집』 권7)

이덕무에 따르면 변일휴邊日休(1740~1778)는 노불老佛에 출입出入하여 탈속한 경지의 시를 썼다고 한다. 그는 이순신을 소재로 한 시「두룡포대장가頭龍浦大將歌」로 유명하였다. 유득공은 따로 추모시 두 수를 남기고 있다.

# 시로 쓴 우리 역사
## 題二十一都懷古詩

 돌이켜보면 무술연간(정조 2, 1778)에 종강鐘崗에 살 때 다 쓰러져가는 삼 칸 집에다 붓과 벼루, 칼이며 자를 잡다하게 늘어놓았었는데, 이 어지러운 것이 싫어서 종종 자그마한 채마밭 가에 앉아 있노라면 콩깍지·장다리꽃에 벌 나비가 한가롭게 날아다녔다. 비록 밥짓는 연기가 자주 끊어졌지만 마음은 태연자약하였다. 때때로 『동국지지東國地誌』를 들춰보고 한 수의 시를 짓고는 곧 고심하여 거듭 읊조림에[1] 어린 아들과 나이 어린 종이 다 듣고서 외웠으니, 내 마음 쓸쓸이가 얕지 않았음을 알 수가 있다.

---

 1) 곧 고심하여 거듭 읊조림에: 이 부분의 원문은 "첩고음輒苦吟"이다. 그런데 국립중앙도서관 소장 목판본 『이십일도회고시』에는 "輒苦吟" 다음에 '미일彌日' 두 자가 더 있다.

이 해에 무관懋官(이덕무)과 차수次修(박제가)가 연경에 가는 편에 한 부를 베껴 반향조潘香祖 서상庶常에게 부쳤는데 반향조의 회답 편지를 받아보니 크게 감탄하고 칭찬하여, "죽지竹枝·영사詠史·궁사宮詞 등 여러 체體의 뛰어난 점을 겸한, 틀림없이 후세에까지 전해질 작품"이라 하였다. 이묵장李墨莊[2]은 절구 한 수를 써 주었고 축편수祝編修[3]는 따로 한 권을 요구하였다. 서로 다른 나라에서 같은 명성이 나는 것만도 즐거워할 일인데 후세에 전해지고 전해지지 않고는 거론할 필요도 없는 일이다.

기해년(정조 3, 1779) 이후[4] 거룩하신 임금의 은혜를 입어 칠 년[5] 동안 일곱 번 관직이 이동되었는데, 녹봉은 입고 먹는 것을 마련하기에 넉넉하고 집은 붓이며 벼루를 벌여 놓기에 충분하였다. 그러나 직무에 바쁘다보니 시 짓기를 즐기지 않았고 비록 작품을 짓더라도 모두 쉽게 이루어져서

---

2) 이정원李鼎元. 묵장은 호. 이조원李調元의 아우.
3) 축덕린祝德麟. 편수는 당시 그의 관직.
4) 국립중앙도서관 소장본에는 "기해이후己亥以後" 다음에 "공봉내각供奉內閣"이 더 있다. 1779년 윤 6월 1일에 검서관이 되었다.
5) 국립중앙도서관 소장본에는 '십 년'이라 되어 있고, 「『연대재유록』 해제」(『국역 연행록선집』, 민족문화추진회)에서도 '십 년'이라 하였다. 『이십일도회고시』에서도 각 이본에 따라 다르다.

다시는 옛날 고심하며 읊조리던 시가 아니었다. 퇴근하여 한가로이 지낼 때 이 책이 아이들에게 읽히는 것을 보고 나도 모르게 서글픈 생각이 들어 이렇게 제사題詞를 붙인다.

을사년(정조 9, 1785) 8월에 고운거사古芸居士.[6]

나는[7] 이 책을 경술년(정조 14, 1790) 가을에 연경에 갈 때 가지고 갔는데 기효람紀曉嵐 상서尙書[8]가 너무도 옛것을 좋아하는지라 그에게 주었다. 그러자 나양봉羅兩峯[9]이 "포이문鮑以文[10]에게 부쳐주어 그의 『지부족재총서知不足齋叢書』의 속편에다 넣고자 한다" 하며 애써 요구했지만 줄 책이 없었으므로 양봉은 자못 원망스러워 하였다.

차수次修가 두 번째로 연경에 갔을 때 양봉의 책상머리에 오사란烏絲欄으로 장정된 책 한 권이 놓여 있는 것을 보았는데, 글씨가 정교하고 오묘하여 효람에게서 빌려다 베낀 것임을 알겠더라고 했다. 중국 선비들이 책을 좋아함이

---

6) 을사년(정조 9, 1785) 8월에 고운거사古芸居士: 이 부분은 『영재집』에는 없고 국립중앙도서관 소장본에 있다.
7) 이 이후 끝까지는 문집에는 없고 국립중앙도서관 소장본의 서문에만 있다.
8) 이 시기 예부상서禮部尙書였던 기윤紀昀이다.
9) 이름은 빙聘. 양봉은 호.
10) 이름은 정박廷博. 이문은 자.

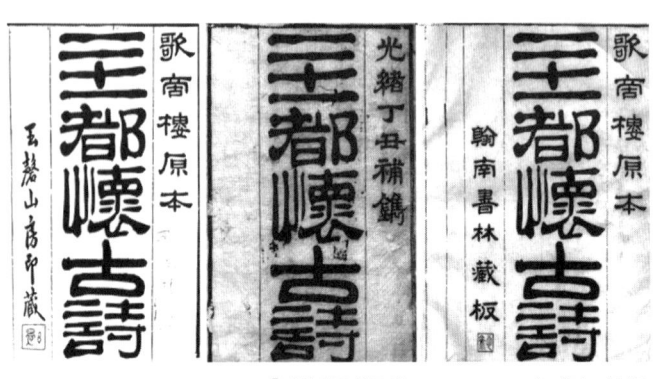

『이십일도회고시二十一都懷古詩』의 여러 판본들

이와 같다.

　나에게는 효람에게 준 것 외에 다른 부본副本이 없어서 지난번의 주석이 어떠하였는지 전혀 알 도리가 없었다. 그래서 사서史書를 참고·검토하여 다시 주석을 붙였으니, 나도 내 성벽性癖에 웃음이 나온다. 임자년(정조 16, 1792) 3월에 또 쓰다.

(『영재집』 권7)

　『이십일도회고시』는 필사와 여러 차례 간행된 목판본으로 널리 유포되었다. 위 기록에서 유득공 자신이 이미 7년 사이에 '개정판'을 내었음을 알 수 있다.『사가시집』과 함께, 유득공 이전에는 그 유례를 찾기 어려운 일이라고 할 만하다.

한편 성해응은 유득공의 「이십사도회고시」를 중국의 이조원이『함해函海』에 편입하였다고 하고, 암송할 만한 시로 다음 시를 인용하고 있다(『연경재전집』 외집5, '시화', 「영재이십사도회고시」).

> 황량도 한 스물여덟 고려 왕릉 앞에는,
> 해마다 비바람 속 장명등만 깜깜한데,
> 진봉산 산중의 붉디붉은 철쭉꽃은,
> 그래도 봄이 오면 층층이 피어나네.

> 荒凉二十八王陵, 風雨年年暗漆燈.
> 進鳳山中紅躑躅, 春來猶自發層層.
>
> (「松京雜絶」)

성해응은, 착잡한 생각이 끝없이 일어나서 감회를 이길 수 없다고 평하였다.

# 시로 남은 열하 기행
## 題熱河紀行詩

 우리나라 사람은 열하에까지 간 적이 없었는데 경자년(정조 4, 1780)의 사신이 처음으로 갔다. 그 경로는 연경에서 고북구古北口로 나갔다가 다시 고북구를 거쳐 연경으로 들어오는 길이었다. 옛 역사서를 살펴보면 고구려 장군 갈로맹광葛盧孟光이 연燕나라 왕 풍홍馮弘을 맞아 싸울 때 용성龍城에 이르러 군사들에게 명령하여 해진 옷을 벗어버리고 연나라 무기고를 빼앗아 예리한 병기를 주어 성을 크게 약탈하고 돌아왔다 한다. 용성은 지금의 조양현朝陽縣이니, 조양현 서쪽의 건창建昌·평천平泉 등지는 맹광이 가보지 않았던 곳이다.

 나는 이번 걸음에[1] 요동 벌판의 백대白臺로부터 해奚 땅을 지나 피서산장避署山莊을 구경하고 고북구로 들어왔다가 산해관山海關으로 나와 돌아왔다. 의무려산醫巫閭山을 한 바퀴 빙 돌았고 만리장성을 반이나 돌아보았으니 일찍이 없었던 여정이라 할 것이다. 을묘년(정조 19, 1795) 동짓날 유득공은 고운재古芸齋에서 쓰다.[2]

(『영재집』 권7)

---

1) 1790년(정조 14) 5월 27일에 서울을 출발하여, 박제가·이희경 등과 함께 연행하였다.
2) 을묘년(정조 19, 1795) 동짓날 유득공은 고운재古芸齋에서 쓰다: 문집에는 없고 『난양록』(광문서국廣文書局 간행)에 있다.

# 『열하일기』
## 『熱河日記』

 상上(정조)이 요즈음의 문체가 비속하다고 여러 차례 말씀을 내려 사신詞臣을 책망하여 패관소설을 엄금하고, 또 여러 검서관들은 신기新奇를 힘써 높이지 말라 타일렀다. 북청부사北靑府使로 임명된 성대중成大中은 홀로 법도를 따른다 하여 매번 포상을 더해주셨는데, 내각內閣에 명하여 술자리를 열고 시를 읊어서 그의 출발을 영광스럽게 하도록 하였다. 서영보徐榮輔·남공철南公轍 두 직각直閣과 강산薑山 이승지李承旨(이서구)가 그 자리에 참여하였으니 모두 당대 시문의 대가들이고, 검서관으로는 나와 이무관(이덕무)이 참석하였으니, 지극한 영예라 이를 만하다. 이날 남직각南直閣은 성상의 뜻으로 편지를 써서 안의 현감 박지원에게 하유下諭하기를,

『열하일기』는 내가 이미 읽어보았다. 다시 단정하고 바른 글을 짓되 길이가 『열하일기』와 비슷하고 회자되기가 『열하일기』와 같이 될 수 있으면 괜찮겠지만 그렇지 못하면 벌을 내릴 것이다.

하였다.

연암은 약관에 글을 잘 지어 이름이 서울에 떠들썩하였고, 이윽고 낙척해서 과거를 보지 않은 채 연경에 사신 가는 집안의 형인 금성도위錦城都尉(朴明源)를 따라 열하에 갔다 돌아와서 『일기』 20권을 지었다. 탄식과 웃음, 노여움과 꾸짖음에다 우언을 섞었으니, 그 「상기」「호질」「야출고북구기」「일일구도하기―日九渡河記」 등의 글은 극히 해학적이고도 기이하여 일시의 사대부들이 전하여 베끼고 빌려 보아 여러 해가 되도록 그치지 않았다. 이 책이 마침내 임금에게까지 들어가서 이런 분부가 있게 된 것이다.

연암은 평소 우리들과 가까운 분이다. 그는 『일기』를 짓고 나서는 그 이전에 지은 글을 모두 없애버렸다. 그의 생각으로는, '이 『일기』가 있으면 나머지는 꼭 전할 것 없다'고 여긴 듯하다. 지금 시골에서 고을살이하고 있는 데다 글 상자에는 한 조각 묵은 원고도 없을 터인데, 갑자기 장중한 작품을 쓰려 한들 어찌 20권을 채울 수가 있을까? 장중한 작품이란 또 널리 회자되기 쉽지 않으니, 그런 것을 불후의 작품으로 만들기란 준칙準勅이나 악시惡詩가 불후의 것으로 되는 것이나 마찬가지다. 천하에 낭패한 사람으로 연암 같은 이가 없다. 나와 무관(이덕무)은 이 일에 아무짝에도 쓸모가 없다.

(『고운당필기』 권3)

이 글을 쓰고 있는 유득공에게 연암의 위기는 현재형이다. 물론 '우리들'에게도 그러하다. 그러나 의뭉하게 눙쳐서 사태의 시말과 본질을 그대로 기술한다. '『일기』가 있으면 나머지는 꼭 전할 것 없다'고 여긴 듯하다는 능청이라니.

# 검서체
## 檢書體

  나는 상투를 틀고부터 무관懋官(이덕무)·차수次修(박제가)와 조계曹溪 백탑白塔의 서쪽에서 시를 이야기하였다. 당·송·원·명을 가리지 않고, 거리낌없이 마음껏 많은 시인들의 시를 읽고 그 정화精華를 뽑아 모으는 데 뜻을 두었을 뿐이었다.

  내각內閣에 봉직하고부터는 그것도 여가가 나지 않았는데, 영편 단구零篇短句가 어쩌다가 속된 인간들의 눈에 걸리기라도 하면 너무 정치精緻하고 지나치게 깨끗하다 의심하여 마침내 '검서체'라 지목을 하니, 정말로 가소롭다. 검서체가 어찌 특별한 시체詩體이겠는가. 안목이 있는 자는 저절로 알 것이다.

(『고운당필기』 권4)

유득공을 비롯하여 이덕무·박제가 등 검서관들의 시가 당시 다른 사람들의 시와는 뚜렷이 구별되는 특징이 인식되었고, 해서 검서체라고도 불린 사실을 전하고 있다. 이 조목의 기술에서 미루어보자면 폭넓은 독서에 기반한 다양성과 미적 세련이 그 특징이 될 것이다. 하지만 유득공의 주문이 아니더라도, 검서체라는 용어가 갖는 신기함에 굳이 주목할 것은 없을 듯.

# 시 땜장이
補破詩匠




 작고한 벗 이무관李懋官은 참으로 한 시대 문단의 으뜸이었다. 나도 그릇되게 명성이 있어서 새로 배우는 후배들이 시와 문장을 가지고 와서 고쳐주기를 청하는 자가 꽤 있었다. 하루는 무관이 붓을 내던지고 한숨을 쉬며 나에게 말하기를,

 서울에는 온갖 물건마다 모두 땜장이가 있네. 부서진 소반, 부서진 냄비나 떨어진 신, 헤진 망건을 잘 고치면 넉넉히 생계를 꾸려나갈 수가 있지. 나나 자네 늙은 데다 글솜씨마저 거칠어졌네. 어찌 가만 앉아서 굶주리기를 기다릴 수가 있겠나. 붓 하나 먹 하나 끼고 필운대·삼청동 사이를 다니면서

'파시破詩 떼워!'

외치면, 어찌 한 사발 술과 한 접시 고기야 얻지 못하겠는가?

하여, 서로 크게 웃었다. 최근 서학사徐學士와 이야기하다가 이 일을 말하고는 함께 포복절도하였다. 그러더니 나를 '시 땜장이'라 불렀다.

(『고운당필기』 권5)

유득공이나 이덕무, 박제가 등은 모두 시문 개인 교습의 경험이 있었다. 위의 기사는 이들이 관직에 나간 뒤의 에피소드지만, 과거의 경험을 공유한 데서 나온 말이다. 생계 수단이었던 그 일은 당시로서는 결코 자랑이 못되었다. 자신들의 현실적 처지를 우스개에 숨긴 것이다.

# 꽃
### 題三十二花帖

 초목의 꽃, 공작새의 깃, 저녁 하늘의 노을, 그리고 아름다운 여인.

 이 네 가지는 세상에서 가장 아름다운 빛깔인데, 그 중에서도 꽃이 색깔로는 제일 다양하다. 미인을 그리는 경우 입술은 붉게, 눈동자는 검게, 두 볼은 발그레하게 그리고 나면 그만이고, 저녁 노을을 그릴 때는 붉지도 푸르지도 않게 어둑어둑한 색을 엷게 칠하면 그만이며, 공작새의 깃을 그리는 것도 빛나는 금빛에다 초록색을 군데군데 찍어 놓으면 그뿐이다.

 꽃을 그릴 적에는 몇 가지 색을 써야 하는지 나는 모른다. 김군金君이 그린 서른 두 폭의 꽃 그림은 초목의 꽃을 다 헤아린다면 천이나 백 가운데 한둘 정도에 불과하지만 오색五色

도 다 쓰지를 못하였다. 그러므로 공작새의 깃·저녁 노을·아름다운 여인의 빛깔이 미칠 수 있는 바가 아니다.

아하! 한 채 훌륭한 정자를 지어 미인을 들여앉히고 병에는 공작새 깃을 꽂고 정원에는 화초를 심어두고서, 난간에 기대어 저무는 저녁 노을을 바라보는 이가 세상에 몇이나 될꼬? 하나 미인은 쉬 늙고 오래된 깃털은 쉽게 시들며 피어난 꽃은 떨어지기가 쉽고 노을은 쉽게 사그라지니, 나는 김군에게서 이 화첩花帖을 빌려 근심을 잊으련다.

(『영재집』 권8)

이 글에 나오는 김군은 박제가의 「꽃에 미친 김군(白花譜序)」(안대회 역, 『궁핍한 날의 벗』(태학산문선))에 나오는 김군과 동일인으로 추정된다. 같이 놓고 읽을 만하다.

# 가깝지도 멀지도 않은 곳
隱仙洞記

 을미년(영조 51, 1775) 초겨울에 양주楊州 송고정사松皐精舍에서 독서를 하는데 신申 아무개가 나를 인도하여 수락산水落山 은선동으로 놀러갔다. 계곡을 따라 오르니 바위는 더욱 희어지고 샘물 소리는 더욱 크게 들려 산이 갈수록 험준해지는 줄도 알지 못하였다. 몇 리를 더 가니 양쪽으로 절벽이 입을 딱 벌린 듯 트여 있고 돌이 문미門楣 같은데, 물은 그 속으로 흘러들어 깊이 고여 있으니 폭포가 한 번 변한 것이었다. 암벽은 모두 깎아지른 듯 가파르게 섰는데 신비한 단풍, 기괴한 소나무며 측백과 산석류는 군데군데 매달려 울퉁불퉁 기이하게 거꾸로 드리워져 있었다. 절벽 아래 바위는 수십 명이 앉을 만한데 배나무가 앙상한 가지를 드리우고 있으니 봄날 달밤에 꽃이 핀 경치를 그려볼 수 있었다.

나는 돌아보고 기이하게 여겨 오랫동안 감탄하다가 신생申生에게 물었다.

"이 골짝이 이토록 기이한데도 서울 사람들이 말하지 않음은 어째서일까?"

"가까이 있다고 소홀히 생각하기 때문일 테지요."

"그건 아닐 것이네."

"그럼 멀어서 버려 둔 것일까요?"

"그것도 아닐세."

"그러면 어째서입니까?"

"이 골짜기가 서울 성문 밖 화악산華岳山과 도봉산道峯山 사이에 있었더라면 수레와 말이 끊이지 않고 피리와 북소리가 날마다 들리며 유력한 자들은 반드시 정자를 세우고 누각을 지으며 담을 치고 별장을 만들어 사방에 이름이 떠들썩하니 알려졌을 것이네. 그렇지 않고 궁벽한 시골구석 적막한 곳에 있어서 벼슬아치들은 가보았노라 떠벌리고 귀양간 사람들은 비감하여 시를 읊조리는 곳이 되었더라도 기이한 일을 좋아하는 무리들은 틀림없이 발을 싸매고 양식을 짊어지고 쫓아가는 자가 있었을 것일세. 그런데 지금 이 골짜기는 가깝다고 여기자니 서울 사람들이 아침에 길을 나서 저녁에 돌아갈 수가 없고, 멀다고 여기자니 그렇다고 발을 싸매고 양식을 짊어지고 갈 거리는 아니네. 가깝지도 멀지도 않은 거리에 위치해 있어서 세상에 알려지지 않았으니, 슬픈 일일세."

『주역』「건괘」'구사九四'의 효사爻辭에는

"의혹이 생김에 뛰어서 연못에 있다"[1]

하였고, 「문언」에

"위로는 하늘에 있지 않고 아래로는 밭에 있지도 않고 가운데로 인위人位에 있지도 않다"

하였다. 의혹이란 의심스러워한다는 뜻이니 지금 이 골짜기를 두고 한 말이리라.

무릇 선비도 이와 같다. 나아가 조정에 있지도 않고 물러나 산림山林에 있지도 않으며 가깝지도 멀지도 않은 거리에 머물러서 당세當世에 이름을 떨치려 한다면 곤란한 일이다.

(『영재집』 권9)

---

1) 주자는 "진퇴가 아직 정해지지 않은 시기"라고 하였음.

# 유우춘[1]
## 柳遇春傳

서기공徐旂公[2]은 음악에 이해가 깊었다. 손을 좋아해서 누가 찾아오면 술상을 벌이고 거문고를 뜯거나 피리를 불어 주흥을 돋우는 것이었다.

나는 서기공을 따라 놀며 즐기었다. 해금을 얻어 가지고

---

1) 본문의 번역은 이우성·임형택 역편, 『이조한문단편집』(일조각, 1978)에서 전재하였음. 이 작품에 대해선 임형택, 「18세기 藝術史의 視覺 - 柳得恭作「柳遇春傳」의 分析」(『이조후기 한문학의 재조명』, 창작과 비평사, 1983)에서 분석이 이루어졌다.
2) 기공은 서상수徐常修(1735~1793)의 호. 또 다른 호는 관헌觀軒, 자는 여오汝五·백오伯五. 1774년 생원, 광흥창廣興倉 봉사奉事를 역임. 뛰어난 고동古董 감식가이자 수장가였으며, 음악과 서화에도 정통하였다. 그의 맏아들 유년有年(1756~1793)은 이덕무의 제자였다. 서유년은 1남 4녀를 두었는데, 셋째 사위가 한치윤韓致奫의 조카인 한진서韓鎭書다.

가서 소리를 머금고 손을 이끌어 벌레와 새들의 울음소리를 내어 보았다. 서기공은 귀를 기울이고 있다가 버럭 소리쳤다.

"좁쌀이나 한 그릇 퍼 주어라. 이건 거렁뱅이의 깡깡이다."
나는 영문을 몰라서 물었다.

"무슨 말씀이오?"

"너무하군, 자넨 도무지 음악은 모르는구먼. 우리나라에는 두 갈래의 음악이 있으니, 하나는 아악이고 다른 하나는 속악이라네. 아악은 옛날의 음악이고 속악은 후대의 음악일세. 사직·문묘는 아악을 쓰고 종묘는 속악을 섞어 쓰는 법이니 이게 이원梨園의 법부法府[3]라네. 군문軍門에서 쓰는 것은 세악細樂이니 용맹을 돋우고 개가를 울리는데, 완만하고 미묘한 소리까지 두루 구비하지 않음이 없어, 연회에서 이것이 쓰인다네. 여기에 철鐵의 거문고,[4] 안安의 젓대, 동東의 장구, 복卜의 피리가 있으며, 유우춘柳遇春·호궁기扈宮其는 나란히 해금으로 유명하지 않던가. 자넨 어찌 이들을 찾아가서 배우지 않고 그 따위 거지의 깡깡이를 배워 왔는가. 대개 거지들은 깡깡이를 들고 남의 문전에서 영감

---

3) 장악원掌樂院의 별칭.
4) 김철석金哲石이라는 거문고의 명인이 있었음.

할범 어린애 온갖 짐승 닭 오리 풀벌레 소리를 내다가 곡식 몇 줌 받아들고 가지 않던가. 자네의 해금은 바로 이런 따윌세."

나는 기공의 말을 듣고 보니 크게 부끄러웠다. 그래서 해금을 싸서 치워 버리고 여러 달 풀어 보지도 않았다.

나의 종씨 금대거사琴臺居士[5]가 나를 찾아왔다. 작고한 유운경柳雲卿[6] 현감縣監의 아들이다. 운경이란 분은 소시부터 협기가 있어 말달리기와 활쏘기를 잘하였다. 영조 무신戊申 호적湖賊[7]의 토벌에 군공이 있었던 것이다. 그분이 이 장군 집의 여종을 좋아해서 아들 둘을 낳았던 것을 알고 있었다. 나는 조용히 거사의 두 아우의 안부를 물어보았다.

---

5) 다음에 곧 언급되는 유운경의 아들은 『문화유씨세보』에 필玭(1720~1782) 한 사람뿐이다. 자는 필옥必玉. 여기 기록을 통해서 그의 호가 금대였음을 알게 된다. 금대거사의 몰년과 유득공의 생년을 고려하면 이 작품은 아마도 유득공 나이 30을 전후하여 이루어졌을 것으로 추정할 수 있을 듯하다.
6) 『문화유씨세보』에 따르면 운경은 유시상柳蓍相(1681~1742)의 자다. 무과하여 좌랑과 산음山陰 현감을 역임하였고, 무신란에 공을 세웠다고 한다. 수익受益(1657~1716)의 2남인데, 수익은 유득공의 조부인 삼익三益과 종형제간이다. 족보에는 그의 서자로서 이 글의 주인공인 유우춘 형제에 대해서는 기록이 없다.
7) 영조 4년(1728)에 일어난 무신란. 속칭 이인좌李麟佐의 난.

"마음이 아프오. 모두 살아 있다오. 나의 친구가 변방의 원으로 나가 있길래 발을 싸매고 2천 리를 걸어가서 5천 전을 얻어다가 이 장군댁에 두 아우의 몸값을 치르고 속량을 시켰지요. 그래서 큰아우는 남대문 밖에서 망건을 팔고, 작은 아우는 용호영龍虎營 구실을 다니는데 해금을 잘 켜서 요즘 세상에서 '유우춘의 해금'이라 일컫는 것이 바로 내 아우라오."

나는 기공의 말을 기억하고 깜짝 놀랐다. 명가의 후예로서 군졸로 떨어져 있음이 슬펐지만, 한편으로는 하나의 기예로 일가를 이루어 살아가고 있는 것이 기뻤다.

나는 거사를 따라서 십자교十字橋[8] 서편으로 우춘의 집을 찾아갔다. 초옥이 매우 정결했다. 우춘의 노모가 혼자 눈물을 지으며 옛일을 이야기하는 것이었다. 그리고 여종을 불러, 우춘을 찾아 손님이 오신 것을 알리게 했다.

이윽고 우춘이 나타났다. 말을 붙여 보니 순직한 무인이었다.

그 뒤 달이 밝은 어느 밤이었다. 내가 구등篝燈[9]을 돋우고 글을 읽고 있을 때 검정 조갑罩甲[10]을 걸친 네 사람이

---

8) 경복궁의 동편에 있던 다리.
9) 불우리를 씌워 바람을 막는 등.

기침을 하고 들어섰다. 그 중 한 사람은 우춘이었다. 커다란 술방구리에 돼지 다리 한 짝, 남색 전대에 침시 50~60개를 담아, 세 사람이 나누어 들었다. 우춘은 옷소매를 걷어붙이고 껄걸 웃으면서,

"오늘 밤 글방 샌님을 좀 놀라게 해드려야겠다"

하고, 한 사람을 시켜 무릎을 꿇고 술을 치게 했다.

술이 반쯤 취하였을 때 우춘은 좌중을 둘러보고 말했다.

"잘들 해보라구."

세 사람은 품속에서 각기 젓대 하나, 해금 하나, 피리 하나를 꺼내어서 합주로 가락을 뽑는다. 우춘은 해금을 타는 옆으로 다가앉아서 해금을 빼앗아 들고,

"유우춘의 해금을 안 들을 수 있겠소"

하더니, 능란한 솜씨로 서서히 켜기 시작했다. 그 처절 강개한 곡조는 이루 말로 그려낼 수 없었다.

우춘은 해금을 팽개치고 껄걸 웃으며 돌아가 버렸다.

금대거사가 귀향할 적에 우춘의 집에서 행장을 꾸렸다. 우춘은 술상을 차리고 나를 청하였다. 자리에 큰 청동靑銅 동이가 놓였기에 무엇인가 물었더니,

10) 외투와 같은 옷.

"취해서 토할 때를 대비한 것이라오" 했다.

술을 따르는데 술잔은 사발이었다. 딴 방에서 소의 염통을 구워 가지고 술이 한 순배 돌면 베어서 들지 않고 소반에다 받쳐 젓가락 한 모를 놓고 종년으로 하여금 무릎을 꿇고 올리게 하였다. 범절이 사대부들이 모여 술을 마시는 것과 다름이 있었다.

그때 나는 자루 속에 든 해금을 가지고 갔다. 해금을 꺼내 들고 물었다.

"이 해금이 어떤가? 전에 나도 자네가 잘 하는 이것에 뜻을 가져 보았는데, 무턱대고 벌레 새 울음소리를 내다가 남들에게 '거렁뱅이의 깡깡이'라고 비웃음을 샀다네. 마음에 겸연쩍데. 어떻게 하면 거렁뱅이의 깡깡이를 면할 수 있을까?"

우춘은 박장대소했다.

"오활하도다, 선생의 말씀이여! 모기의 앵앵 하는 소리, 파리의 윙윙 하는 소리, 장인붙이들의 뚝딱뚝딱 내는 소리, 선비들의 개굴개굴 울어대는 소리, 이 모든 천하의 소리는 다 밥을 구하는 데 뜻이 있습지요. 내가 타는 해금이나 거지의 해금이 무엇이 다르겠습니까. 내가 이 해금 공부를 한 것은 노모가 계신 때문이었지요. 신통치 못하면 어떻게 노모를 봉양할 수 있겠습니까. 비록 그렇지만 저의 해금 솜씨는 거렁뱅이의 해금처럼 묘하지 않은 듯하면서 묘한 것만 같지 못하답니다. 무릇 나의 해금이나 거지의 해금이 재료는 매한가지라오. 말총으로 활을 매고 송진을 칠하여서 비사비죽非絲非竹[11]으로 타는 것도 아니고 부는 것도 아니지요. 내가 처음 해금 공부를 시작한 지 3년 만에 성취하였는데 다섯 손가락에 못이 다 박혔다우. 기술이 더욱 높아갈수록 급료는 늘지 않고 세상 사람들이 몰라주는 것은 더욱 심하답니다. 저 거지는 허름한 해금을 한 벌 가지고 몇 달 만져 본 것으로, 듣는 사람이 겹겹이 둘러서게 되고 켜기를 마치고 돌아가면 따라붙는 사람만도 수십 명이라. 하루의 벌이가 말 곡식에 돈이 한 움큼 모인다오. 이는 다름이 아니오라, 좋아하는 사람이 많은 때문이지요. 지금 유우춘의 해금을 온 나라가 알고 있다지만 이름만 듣고 아는 것일 따름이요, 정작 해금을 듣고 아는 자 몇이나 되겠습니까. 종친宗親이나 대신이 밤에 악공을 부르면 제각기 악기 하나씩을 안고 가서 허리를 굽히고 대청으로 올라가 앉지요. 촛불이 휘황히 밝은데 측근자가 '잘 하면 상이 있을 것이네' 합니다. 우리들은 그만 황공해서 '예이-' 하고 연주를

---

11) 현악기도 관악기도 아니라는 말로, 해금은 정식 악기로 대접받지 못하였다.

시작하지요. 현악과 관악이 서로 맞추지 않아도 길고 짧고 빠르고 느린 것이 아득히 저절로 맞아 돌아가는데 숨소리 잔기침 하나 문 밖으로 새나오지 않을 즈음에 곁눈으로 살짝 보면 잠자코 안석에 기대어 고작 졸음이나 청하고 있다가 이윽고 기지개를 켜면서 '그만두어라' 하면 우리는 '예이―' 하고 물러가 돌아왔을 뿐이라. 저 귀유공자貴游公子와 우쭐대는 명사들의 맑은 담론, 고상한 모임에는 일찍이 해금을 안고 끼이지 않은 적이 없다오. 저들이 문장을 평론하기도 하고 과명科名을 비교하기도 하다가 술이 거나해지고 등잔의 불똥이 앉을 무렵 뜻이 높고 태도가 심각하여 붓이 떨어지고 종이가 날다가 문득 나를 돌아보며 묻기를

'너는 해금의 시초를 아느냐?'

나는 황망히 몸을 굽히고 대답합니다.

'모르옵니다.'

'옛적 혜강嵇康[12]이 처음 만들었더니라.'

나는 또 얼른 몸을 굽신하고

'예에, 그렇습니까?'

하면, 누군가 웃으면서,

---

12) 진晉의 유명한 시인으로, 죽림칠현의 한 사람.

'아닐세, 해부족奚部族의 거문고란 뜻이지.[13] 혜강의 혜嵇 자가 당키나 한가.'

이렇게 좌중이 분분하지만 도대체 나의 해금과 무슨 상관이 있겠소.

또 가령 춘풍이 태탕하고 복사꽃 버들개지가 난만한 날 시종별감侍從別監들과 오입쟁이 한량들이 무계武溪의 물가에서 노닐 적에, 침기針妓 · 의녀醫女 들이 높이 쪽찐 머리에 기름을 자르르 바르고 날씬한 말에 홍담요를 깔고 앉아 줄을 지어 나타납니다. 놀음놀이와 풍악이 벌어지는 한편에 익살꾼이 섞여 앉아서 신소리를 늘어놓지요. 처음에 요취곡鐃吹曲[14]을 타다가 가락이 바뀌어 영산회상靈山會上이 울립니다. 이때에 손을 재게 놀려 한 새로운 곡조를 켜면 엉겼다가 다시 사르르 녹고, 목이 메었다가 다시 트이지요. 쑥대머리 밤송이 수염에 갓이 쭈그러지고 옷이 찢어진 꼬락서니들이 머리를 끄떡끄떡, 눈깔을 까막까막하다가 부채로 땅을 치며 '좋다, 좋아!' 하며, 그 곡이 가장 호탕한 양 여기고 오히려 하잘것없는 것임을 깨닫지 못합니다.

---

13) 해奚는 거란의 한 종족 이름으로, 해금은 이 부족이 좋아하던 악기였다 함.
14) 군악 계통의 곡조

나의 동료 호궁기와 한가한 날에 서로 만나 해금 자루를 끌어 해금을 어루만지며 두 눈을 하늘에 팔고 마음을 손가락 끝에 두어 털끝만치 잘못 켜더라도 크게 웃으며 일 전을 바칩니다. 그러나 두 사람 다 돈을 한 번도 많이 잃어 본 적은 없지요. 그러니 나의 해금을 알아주는 사람은 호궁기 그 친구뿐입니다. 그러나 호궁기가 나의 해금을 아는 것이 내가 나의 해금을 아는 만큼 정묘하지는 않지요.

이제 선생이, 공력을 적게 들이고도 금방 세상 사람들이 잘 알아주는 것을 버리고, 공력은 많이 들지만 세상 사람들이 알아주지 않는 것을 구태여 배우려 하시니, 또한 딱하지 않습니까."

그 후에 우춘은 노모가 세상을 뜨자 자기 업을 버리었고 나에게도 다시 들르지 않았다.


우춘은 대개 효자로서 악공들 속에 숨은 은자일 것이다. 우춘의 말에,

"기술이 더욱 높아갈수록 세상 사람들이 더욱 알아주지 못한다"고 한 것은 어찌 해금에서만 그칠 것인가.

(『영재집』 권10)

# 북관으로 가는 홍첨사를 전송하며
## 送洪僉使遊北關序

  오호라! 역사서를 읽다가 천하가 소란해져서 용쟁호투龍爭虎鬪하는 즈음에 이를 것 같으면, 영웅적이고 용맹하며 걸출하고 뛰어나서 빼어난 공로를 세우는 탁월한 인재가 어쩌면 그렇게도 많아지는 것일까? 평화로울 때 이들은 모두 어디에 있단 말인가? 술과 도박으로 평범한 사람들 사이에서 부대끼다가 늙어죽어도 아무도 알아주는 이 없는 것이리라. 이것은 그들에게 불행일까 다행일까? 나는 알지 못하겠다.

  이광李廣은 맨손으로 맹수를 때려잡았다. 한문제漢文帝는 그가 한고조 때를 만나지 못한 것을 한탄했으니, 그랬더라면 만호萬戶의 제후에 봉해질 수 있었으리라 여겨서다. 그러나 이광은 무제武帝가 크게 군사를 일으켜 흉노를 칠 때 언제나 군중에 있었지만 한 치의 공로도 없어서 지위가 변방 고을 태수에 불과하였고, 길을 잃고 기일에 늦었다가 문책 당하게 되자 분한 마음에 자결하였으니, 이 이른바 운수가 기구한 사람이다. 그가 한고조 때를 만났더라도 팽성彭城의 패전에 죽지 않았다면 형양滎陽·성고城皐에서 거꾸러졌으리라. 어찌 봉토를 나누어받아 제후로 봉해져서[1] 충달蟲達[2] 따위 무리와 나란할 수가 있었겠는가? 남전藍田 산중에서 활 쏘고 사냥하다가 편안하게 늙어 죽는 것만 못했을 것이다.

내 외가는 대대로 무武를 가업으로 삼았다. 외고조부 길주공吉州公[3]은 키가 9척이었다. 선전관宣傳官이 되자 선임자들이 전례를 따라 몽둥이로 신참례를 시키려 들었는데,

---

1) 제후로 봉해져서: 원문은 분모分茅. 제후를 분봉分封할 때 사직단의 흙을 흰 띠에 싸서 준 데서 온 말이다.
2) 한고조漢高祖의 공신. 고조를 따라 기병하여 삼진三秦을 평정하고 항우를 격파하는 데 공이 있었다. 곡성후曲成侯에 봉해졌다. 시호는 어圉. 소하蕭何·조참曹參·장오張敖·주발周勃·번쾌樊噲 등 한 고조의 공신 18명 가운데 제18등. 『한서』 권16, 「고조 공신표」. 원문 의 "충달 따위의 무리"란 결국 소하·조참 등 한고조 공신들을 모두 가리키는 말이다.
3) 외고조부 길주공吉州公: 홍우익洪宇翼(1609~1670). 자는 익지翼之. 1639년에 무과하여 선전관으로서 심양으로 가는 소현세자를 호종하였고, 길주목사를 역임하였다.

화를 내어 몽둥이를 뺏어다 들보 위에 얹어 묶어버렸고, 그 것을 도로 내려 올 수가 없었다. 백년 이래 그런 행동을 한 사람은 아무도 없었다.

　길주공의 자손들은 키가 큰 사람이 많은데 홍군[4]은 그 가운데 한 사람이다. 젊었을 때는 깨끗하고 하얀 얼굴에 눈썹이 칠흑 같았고 힘이 세었는데, 무술에 익숙한데다 술을 멋대로 마시고는 협기俠氣를 부리다가 호서湖西로 피해 있기도 하였다. 한데 그곳의 세 사람 장수를 쳐서 모두 피를 토하니 호서 사람들이 크게 놀랐다. 서울로 달아나 마음껏 휘젓고 다니면서 또 여러 사람을 다치게 하였다. 정승이 성을 내어 단속하지 못한다고 삼영三營[5]을 꾸짖자 무인武人 집안 사람을 물색해서 체포하려 하였으나 할 수가 없었다. 무과에 오르자 일이 그제야 그치게 되었다.

　평안도에 머물 때 변방을 지키던 장수가 달단韃靼[6]에서

---

4) 홍군: 『남양홍씨세보』(1852년 刊)에서 이 글의 주인공 '홍군'이라고 꼽을 사람이 바로 보이지는 않는다. 아들이 없었다는 뒷부분의 기록을 따른다면 유득공의 외조부 홍이석洪以錫의 손자인 우조禹祚(1742~1821)와 유득공의 외종조부 홍이연洪以淵의 장남인 장함章涵(1723~?) 가운데 한 사람일 듯하다. 홍이석의 맏사위가 유득공의 부친인 유춘柳瑃이고 셋째 사위가 이옥의 부친인 이상오李常五다(김영진, 「이옥 연구(1)」, 『한문교육연구』 18, 한국한문교육학회, 2002).
5) 삼영三營: 훈련도감 · 금위영 · 어영청.

난 말을 얻었는데, 울부짖어서 아무도 가까이 갈 수가 없었다. 한데 홍군만은 아무 일 없다는 듯 탔다. 그 장수가 크게 노해서 그 말을 목베려고 하자 애써 구해 얻어서 타고 서울로 돌아왔다. 하루에 삼백 리나 내달려서, 돌아보아도 따라오는 자가 아무도 없게 되자 내닫기를 멈추었다. 씩씩한 자태며 달리는 능력이 썩 뛰어나서 권세가에 빼앗겼는데, 좋은 조련사를 구해 조련하였지만 더욱 발길질을 하고 물어뜯고 꼴이며 곡식을 먹지도 않아서 죽어버렸다. 이로부터 사람들이 모두들 홍군을 일러 기병 장수의 재능이 있다고 하였다. 하지만 어디에 쓰일 것인가?

　무겸선전관武兼宣傳官(무신으로서 선전관을 겸한 이)으로서 마량7) 수군첨절제사馬梁水軍僉節制使로 나갔다가 파직되어 돌아온 지 20여 년을 다시는 발탁이 되지 못하였다. 지난날 말타기 활쏘기를 가르쳤던 어린 후배들이 차츰 앞질러서, 그가 궁핍하게 굶주리는 것을 불쌍히 여겨 막부幕府에 불렀지만 그때마다 며칠 못 가서 잔뜩 취해 가지고 크게 꾸중을 해버리고 돌아오곤 하였다. 친구들이 준엄하게 나

---

6) 달단韃靼: 본디 Tatar의 음역이지만 보통 몽고를 가리킴.
7) 마량: 조선조 때 비인현庇仁縣에 속해 있던 진鎭. 현재 충남 서천군 서면의 바닷가에 마량리가 있다.

무랐는데 처음엔 뉘우쳐 술을 끊을 것같이 하지만 이윽고 또 마시곤 해서 다시는 그를 맞아가는 이가 없었고 나이도 예순을 넘겼다. 아내를 잃고 자식도 없이 집안 사람에게 붙여 지내면서 날이면 날마다 일없는 늙은 무변武弁들을 모아 마작 놀음을 즐겼다. 양쪽 귀밑머리에는 한 터럭 흰머리도 없고 치아도 빠진 것이 없어서 외모는 아직도 늠름하기 짝이 없다. 성질은 외곬으로 다급하고 곧이곧대로라 평소의 벗 가운데 욕을 당하지 않은 자가 거의 없었다.

일찍이 큰소리치기를,

"내 굶어죽지는 않아. 날 구해줄 김절도사金節度使가 있거든"

하곤 했었다. 그 김절도사가 회령부사會寧府使로 있다가 함경도관찰사에 올랐다는 말을 듣자마자 주저 없이 말을 채찍질하여 길을 나선다. 이로 미루어 김절도사는 오랜 친구를 버리지 않을 훌륭한 사람인 줄을 알겠다.

아하! 그대는 함경도가 옛날 어떤 땅이었는지를 아는지? 그 남쪽 갈라전曷懶甸[8]은 고려의 시중 윤관 장군이 9성을 쌓은 곳이고, 북쪽 숙신 오국肅慎五國[9]은 우리 조선의 김절

---

8) 갈라전曷懶甸: 정약용에 의하면 함흥과 영흥 지역을 이르는 말임(「강계고서疆界考序」).
9) 숙신 오국肅慎五國: 북송 말 휘종·흠종이 금나라에 잡혀서 오국

재金節齋(김종서)가 야인野人을 소탕한 곳이다. 그대가 그런 시대에 태어나 두 분의 휘하에 있었더라면 말을 뛰달아 칼을 빗기어 크게 호령하여 견고한 적을 무찔렀을 것이다. 이루 다 말로 할 수가 있을까?

나라가 태평한 지 수백 년이라 동북쪽 함경도 지역에 전운이 일어날 기미는 없다. 그대가 간들 무슨 할 일이 있겠는가? 때로 함경감사 따라 나서서 날쌘 기병들 거느리고 백두산 남쪽에서 사냥이나 하고, 수루戍樓에 기대어 야인野人들의 노랫소리[10]나 듣다가 한번 취하면 그만일 것이다. 어찌 꼭 부귀를 바라겠는가.

(『영재집』, 후손가장본)

주인공은 훤칠하니 잘 생긴데다 힘께나 쓰는 장골이다.

---

성에 구금되었던 바, 남송의 고종은 사절을 보내 우리나라를 경유하여 두 황제에게 문안을 드리려 하였다. 이익李瀷은 두만강 건너 만주 지역에 있었던, 우리나라에서 그리 멀지 않은 성으로 추정하였다. 『성호새설』 제2권, 「오국성」.

10) 야인野人들의 노랫소리: 원문은 "낙매지적落梅之笛" 이민족인 서강西羌의 노래에 낙매화곡落梅花曲이 있었다 함.

게다가 무반이지만 여러 대에 걸쳐 벼슬이 끊이지 않은, 꽤 세력을 가진 집안 사람이다. 하지만 그뿐이다. 40대 초반 이후 술과 도박으로 무너졌다. 가산 탕진은 불문가지다. 처도 자식도 없는 늙은 홀몸 맡길 데를 찾아 북쪽 함경도로 떠나게 되었다.

작자는 불운한 무인의 전형으로 유명한 한漢나라 때의 장군 이광의 사례를 끌어왔다. 이광처럼, 무인으로서 난세를 만나 그 능력을 발휘할 기회를 얻었더라도 기구한 운수를 만나지 말라는 법은 없다. 위로라면 위로겠다. 못난 사람의 개인적 불행을 역사의 보편적 경험칙으로 포장한 것이다.

서두의 근사한 입론이나, 본론 부분 문장의 간결하고 담박하면서도 불규칙한 구두句讀가 빚어내는 굳세고 생경한 행문行文의 묘미가 뛰어나다. 유득공의 산문 작품 가운데서 빼어난 수작인데, 어떤 이유에서인지 국립중앙도서관 소장본 『영재집』에는 수록되지 않았다.

# 『청비록』 서문
淸脾錄序

　예로부터 시를 짓는 사람이 있고 시를 해설하는 사람이 있다. 시를 짓는 사람은 민간의 일반 부녀자나 아이들이라도 안 될 것이 없지만, 시를 해설하는 사람은 슬기롭기 특별하여 시를 알아보는 능력이 있는 자가 아니면 안 된다. 살펴보건대 춘추시대 여러 나라의 경대부卿大夫들은 서로 만날 때 반드시 시를 읊어서 자신의 뜻을 표현하였는데, 그 시는 어느 하나도 그들 자신이 지은 것이 아니었다. 하지만 이로써 상대방이 훌륭한지 아닌지를 단정하여, 그가 국가를 보존하고 백성을 편안케 하여 여러 대에 걸쳐 나라를 이어갈 수 있을지의 여부를 귀신같이 알았다.

　오吳나라 계찰季札은 음악을 관찰하여 군주된 자의 은택의 깊이를 미루어 헤아려서, 치란治亂과 흥망에 대해 각각 찬탄하거나 비판할 수가 있었으니, 어쩌면 그렇게도 훌륭하였을까? 공자도 일찍이 "이 시를 지은 이는 도道를 안 사람이었으리라" 하였고, 맹자는 "고루하기도 하지, 고수高叟가 시를 해설하는 것은!" 하였다. 이로써 시의 해설은 성현도 폐하지 않았음을 알 수 있다.

한漢나라가 일어나자 시를 해설하는 사람이 더욱 많아져, 제齊나라에서 해설하는 사람이 있고 노魯나라에서 해설하는 사람이 있고 연燕나라 및 하간河間에서도 해설하는 사람이 있었는데, 뜻풀이가 각기 달라 거의 수십여만 마디의 말이 분분해서 정리할 수가 없으나, 잘 해설하고 보면 다같이 사람들을 웃게 만들 수 있다.

이로부터 시를 짓는 사람도 많아져서 오언시와 칠언시가 번갈아 일어나자 해설을 잘 하는 사람들 또한 부득불 고시古詩는 버려두고 근대의 작품들을 가지고 논하지 않을 수 없게 되었다. 이것이 종씨鍾氏의 『시품詩品』이 나오게 된 이유다. 뒤를 따라 시 해설을 쓴 사람들을 이루 헤아릴 수 없는데, 일률적으로 시화詩話[1]라 이름하여 드디어 수많은

---

1) 시화詩話: 원문은 '설화說話'로 되어 있지만, '시화'의 오자로 추정된다. 종영의 『시품』이후 쏟아져 나온 시 비평 관계 저술이 대개 시화라는 이름으로 되어 있고, 이 글의 뒷부분에 나오는 '시화'라

책이 쌓이게 되었다.

우리나라에서는 역옹櫟翁의 『패설稗說』과 지봉芝峯의 『유설類說』에만 조금 보일 뿐 전문적인 저서는 없었다. 나의 벗 청장씨青莊氏는 시에서 대체로 짓는 사람 쪽이다. 이미 오랫동안 지어서 함축되고 무르익은 뒤에 해설을 하여, 고려에서 우리 조선에 이르기까지 5~6백 년 동안의 것을 채집하여 4편으로 만들었다. 진수眞髓를 음미하며 고매한 것을 찾아내어 평가를 공평하고 성실하게 하였으니, 창랑滄浪[2]과 초계苕溪[3]를 어찌 말할 것 있겠는가? 열람하는 사람들은 아마 저도 모르게 입이 벌어지리라. 오로지 우리나라 시만 대상으로 삼은 것은 정鄭나라 대부가 시를 읊을 때는 정나라의 당면 문제를 벗어나지 않았던 것과 같은 의미다.

이름난 학자, 고위 관료와 뜻 있는 선비, 고상한 인사의 작품 가운데 흥취가 깊고 원대하여 풍교風敎에 관계가 있는 것들을 정성스럽게 뜻을 다해 드러내지 않은 것이 없다. 또한 편견을 갖지 않고 장점을 취함으로써 고루하다는 비판을 없애서 거의 옛 성현들이 시를 해설한 취지에 가깝게

    는 어휘로 보아 그렇게 추정할 수 있다.
2) 창랑滄浪: 엄우嚴羽. 『창랑시화』의 저자.
3) 초계苕溪: 호자胡仔. 북송 사람. 『어은총화漁隱叢話』의 저자.

되었으니, 시화 가운데 빼어나다 할 만하다.

시는 음악과 서로 통하므로 이 시화란 혈맥血脈을 깨끗이 씻어내고 마음을 분발시킬 수 있는데도 '청비록'이라고 이름 붙인 것은 겸손한 말이다.[4] 한데 시를 짓는 사람들은 무엇 때문에 짓는 것일까? 후세에 전해지는 것을 귀하게 여겨 짓는다. 진실로 정확하게 골라 자세하게 해설하는 사람이 없으면 잘되거나 못된 작품이 서로 뒤섞여 모두 다 소멸되어 버리고 마는 법이다. 시를 해설하는 사람이 중요하지 않겠는가? 그렇지만 청장씨처럼 지을 수 있는 분이 아니면 어찌 이토록 자세히 해설할 수 있겠는가? 영재泠齋는 머리말을 쓴다.

(『청장관전서』, 「청비록서」)

유득공이 『역옹패설』과 『지봉유설』 이외의 우리나라 시화 저작들을 몰랐을 리가 없다. 그럼에도 이덕무의 『청비

---

4) 청비록이라고 이름한 이유는 그 서두에 저자인 이덕무의 언급으로 실려 있다. 유득공의 말은 약간의 해학을 더해서, '청비록'이라는 책이 '비장[脾]을 맑게 하는' 정도에 그칠 것이 아니라는 뜻.

록』을 우리나라 최초의 시화라고 선언하고 있다. 그것은 두 가지 이유에서다. 우리나라 시와 시인을 대상으로 삼았다는 점과 당시로서 현재적 의의를 갖고 있었다는 점이다. 물론 비평과 창작의 두 방면에 모두 탁월한 저자의 능력이 있었으므로 가능한 일이었다.

이덕무는 유득공을 두고, 당시 비교할 만한 사람이 없는 전문적인 시인이라고 하였다(『청비록』). 유득공이 『청비록』에 서문을 쓰게 된 이유다. 이토록 주목할 만한 글이 『영재집』에는 누락되었다. 『청장관전서』야 말할 것도 없지만 『정유집』의 경우와 비교해도 『영재집』의 산문 부분은 누락이 심하다.

유득공은 『해동역사』에 붙인 서문에서 무려 열여섯 살이나 어린 한치윤을 "나의 벗"이라고 하였다. 불과 8년 연장인 이덕무가 "나의 벗"이 되는 것은 자연스런 일이었으리라.

# 우리말에 옛 한자음이 남아 있음
東方有古音

한자 발음 가운데는 우리 발음이 옳고 중국 쪽이 틀린 것이 있다. 지금 우리나라 사람들이 읽는 한자 발음은 어디서부터 시작되었을까? 애초 우리나라 사람이 중국에 가서 배우지 않았으면 중국 사람이 우리나라에 와서 가르친 것이다. 배웠건 가르쳤건, 요컨대 한漢나라 이전의 일이었을 것이다. 우리나라 사람들은 산골짝이나 바닷가 외진 곳에 살며 그 글자와 발음을 알고 나서는 그대로 따라 지켜서 지금까지 잃지 않았고, 중국은 육조六朝・오계五季 이래로 이민족과 한족漢族이 서로 뒤섞였으니 자음字音이 어찌 변화가 없었겠는가. 이것은 증명할 수가 있다.

『공양전公羊傳』에 "공공은 어찌 친히 멀리까지 가서 물고기의 이익을 보려고 하십니까? 언어 오게 하소서"의 주에,

"제齊나라 사람들은 구득求得을 득래得來라고 한다. 그런데 '등래登來'라고 한 것은 그 말이 크고 급한데다 입으로 불러준 것이기 때문이다"[1] 하였다. 또 『관자管子』에 "동곽우東郭郵가 환공桓公에게 대답하기를 '일전에 제가 두 분 군주께서 대臺 위에 계신 것을 보았는데 입이 열린 채 다물리지 않았으니, 이것은 거莒를 말씀하신 것입니다'"[2] 하였다.

지금 우리나라 한자음으로 '등登'과 '득得'을 읽으면 서로 가깝지만 중국 발음으로 읽으면 서로 가깝지 않고, 우리 한자음으로 '거莒'를 읽으면 입이 열리지만 중국 발음으로 읽으면 입이 열리지 않는다. 우리나라에 오히려 옛 한자음이 남아 있고, 중국은 점점 변하여 차츰 옛 발음을 잃어버렸다는 것을 알 수 있다. 이 문제를 가지고 고영인顧寧人(고염무顧炎武)처럼 학문을 좋아하는 분에게 질정質正할 수가 없는 것이 아쉽다.

(『고운당필기』 권4)

---

1) 『공양전』 은공隱公 5년의 기사이다. 원문은 다음과 같다. "五年, 春, 公觀魚于棠, 何以書? 譏, 何譏爾? 遠也, 公曷爲遠而觀魚? 登來之也." 주는 하휴何休의 주를 그대로 인용한 것이다. 원문 생략.
2) 『관자』 「소문小問」 편에 있는 말이다.

유득공은 언어에 특히 관심이 깊었고, 중국어를 말할 수 있었다. 우리나라의 한자음은 어떤 역사적 과정을 거쳐 정착되었을까? 한사군 설치 이전의 일이었을 것이라는 유득공의 주장은 논증될 수 있을까? 일본의 경우 세 시기에 걸쳐 한자음이 정착되는 것으로 설명되고 있는 듯하다.

# 속자
俗字

　임자년(1792) 가을, 『규장전운』 교정을 담당한 여러 신하들인 원임原任 직각直閣 윤행임尹行任, 검교 직각 서영보徐榮輔, 직각 남공철南公轍, 승지 이가환李家煥, 전 승지 이○○, 교서校書 교리校理 성대중成大中, 겸 검서관 이덕무와 유득공, 검서관 박제가 등 9인[1]에게 상이 책문을 내어 「육서六書」를 물었다. 여러 신하들이 모두 대對를 지어 올리자 대신大臣과 문○文○[2]이 각각 청·황·녹색 먹으로 비평

---

1) 본디는 이름을 썼다가 나중에 지웠다. 지워진 사이로 비치는 본디 이름들을 살려 본문에 기록하였다. 특히 '승지 이가환李家煥' 이름은 다른 사람들과 달리 두 차례 지우고 있다. 이가환의 몰락 이후 고친 것이다.
2) 원문 훼손으로 한 자 판독 불가능. 아마도 '형형衡'이나 '임任' 자일 듯.

을 한 뒤에 상이 주묵朱墨으로 비점을 찍었으니, 거룩한 일이었다. 내가 대를 올린 '우리나라 속자俗字의 폐단'에는,

"수전水田을 답畓이라 하고 대두大豆를 태太라 하여 받들기를 『삼창三倉』[3]과 같이 하고, 배를 갉아먹는 좀을 소蠹라 하고 소의 위장을 양䑋이라 하는 따위는, 『이아爾雅』에 나오는 양 여겨, 그것이 속자인 줄을 알지 못합니다. 심지어[4] 공령문功令文과 표전表箋에서는 '하도何圖'를 '하비何䀝'라 써서, 이렇게 쓰지 않는 것은 규식規式에 어긋난다 여깁니다. '비䀝'란 '비루하다[鄙]'는 뜻입니다. '하비何鄙'라니, 이 무슨 말이겠습니까?"[5]

하였으니, 대책이란 근엄한 글이므로 대개 자세하게 거론하지는 못하였을 뿐, 우리나라의 속자가 비단 이 다섯 글자

---

3) 이사李斯의 『창힐편倉詰篇』, 조고趙高의 『원력편爰歷篇』, 호무경胡母敬의 『박학편博學篇』을 1권으로 묶은 자서字書.
4) 『이아爾雅』에 나오는 양 여겨, 그것이 속자인 줄을 알지 못합니다. 심지어: 이 부분의 원문은 "如出爾疋" 의미가 닿지 않으므로, 『영재집』을 참고하여 보충하였다. 『영재집』에는 "如出爾雅, 不復知其爲俗字, 至於……."로 되어 있다.
5) 이 부분은 『영재집』 권11, 「육서책六書策」에 실려 있다.

만은 아니다.

    이를테면 '탈을 잡는다'고 할 때의 '탈頭'은 그 의미가 '흔釁(허물)'과 같고 '찌를 뽑는다'고 할 때의 '생柱'은 그 뜻이 '첨籤(제비)'과 같은데, 공사公私 문서에서 가장 즐겨 사용된다. 또 서독書牘을 보냈는지를 물으면서 '소주燒酒 몇 선鐥'이라 하는데 '선鐥'이란 '주전자[匜]'이고, 여자의 남자 형제를 '남娚'이라 하는데 곧잘 '남매娚妹'니 '처남妻娚'이니 부른다. 더욱 가소로운 것은 '조曺'와 '조曹'를 달리 사용하여, 성씨일 때는 '조曺'를 쓰고 관청 이름에는 '조曺'를 쓰는 것이다.[6] 심지어는 담비[貂]를 '돈獤'이라 하고 족제비[黃鼠]를 '광獷'이라 한다. 이런 종류가 매우 많으니, 소학小學(문자학)을 공부하는 자는 몰라서는 안 된다.

(『고운당필기』 권3)

---

6) 지금은 보통 이와는 반대로 알고 있다.

# 제 4 부

# 우리 역사와 우리 땅

# 한국 고대사 인식의 시각
## 渤海考序

 고려가 『발해사渤海史』를 편찬하지 않았으니, 고려가 떨치지 못하리라는 것을 미리 알 수 있다. 옛날에 고씨高氏가 북쪽에 자리를 잡았으니 고구려이고, 부여씨扶餘氏가 서남쪽에 자리를 잡았으니 백제이며, 박朴·석昔·김金 씨氏가 동남쪽에 자리를 잡았으니 신라다. 이를 삼국이라 부른다. 당연히 『삼국사三國史』가 있어야만 되고, 고려가 편찬한 것은 옳은 일이다. 부여씨가 망하고 고씨가 망함에 김씨는 남쪽을 차지하고, 대씨大氏는 북쪽을 차지하였으니 발해. 이를 남북국南北國이라 부른다. 당연히 『남북국사』가 있어야만 하는데 고려는 이를 편찬하지 않았다. 잘못이었다.

 저 대씨는 어떤 사람인가? 바로 고구려 사람이다. 그들이 차지한 영토는 어떤 땅인가? 바로 고구려 땅인데, 동으로 넓히고 서로 넓히며 북으로 넓혀서 더 크게 만들었을 뿐이다.

무릇 김씨가 망하고 대씨가 망함에 왕씨王氏가 통합하여 차지했으니 고려다. 한데 남쪽 김씨의 영토를 차지한 것은 온전했지만 북쪽 대씨의 영토는 완전히 차지하지 못하여, 혹은 여진으로 들어가고 혹은 거란으로 편입되었다. 바로 이 시기에 고려를 위하여 계획을 세우는 자는 시급히 『발해사』를 편찬하여, 이를 가지고 여진에게 따졌어야 했다.

"왜 우리에게 발해 영토를 돌려주지 않느냐. 발해 영토는 바로 고구려의 영토였다."

그리고서 한 사람 장군을 시켜 가서 수복하게 하였더라면 토문강土門江 이북을 차지할 수 있었을 터이다. 또 『발해사』를 가지고 거란에게도 따졌어야 했다.

"왜 우리에게 발해 영토를 돌려주지 않느냐. 발해 영토는 바로 고구려의 영토였다."

그리고서 한 사람 장군을 시켜 가서 수복하게 하였더라면 압록강 서쪽을 차지할 수 있었을 것이다. 끝내 『발해사』를 편찬하지 않아서 토문강 이북·압록강 이서의 땅이 누구의 영토인지 알 수 없게 하여, 여진에게 따지려 해도 말발이 서지 않고 거란에게 따지자 해도 내세울 말이 없었다. 고려가 마침내 약소국이 되고 만 것은 발해 영토를 차지하지 못하였기 때문이니, 탄식을 금치 못할 일이다.

어떤 사람은 이렇게 말한다.

"발해는 요遼나라에게 멸망되었으니, 고려가 무슨 수로 그 역사를 편찬하겠는가?"

하지만 이 말은 옳지 않다. 발해는 중국을 본보기로 삼았으니 필시 사관史官을 두었을 것이다. 홀한성忽汗城[1]이 격파된 다음 세자를 비롯, 고려로 망명한 사람이 십여만 명이나 되었다. 그 가운데 사관이 없었을지라도 틀림없이 사서史書는 있었을 것이다. 사관도 사서도 없었을지라도 세자에게 물어보았더라면 그들의 세계世系를 알 수 있었을 터이고, 대부大夫인 은계종隱繼宗[2]에게 물어보았더라면 그 제도를 알 수 있었을 것이며, 십여만 명 인민에게 물어보았더라면 알지 못할 일이 없었을 것이다.

장건장張建章은 당나라 사람임에도 『발해국기渤海國記』를 지었다. 그런데 고려 사람으로서 유독 발해사를 편찬할 수가 없었단 말인가?

아하! 문헌이 흩어져 없어진 지 몇백 년이 지난 뒤에 비록 편찬하려 해도 할 수가 없다. 나는 규장각에 있으면서

---

[1] 발해의 수도. 지금의 길림성吉林省 돈화현敦化縣 지방.
[2] 고려 태조 11년(928) 9월에 발해에서 고려로 망명한 학자.

비장秘藏된 서적들을 쉽게 읽어볼 수 있었다.[3] 그래서 마침내 발해의 일을 엮어 순서를 갖추어 군君·신臣·지리地理·직관職官·의장儀章·물산物産·국어國語·국서國書·속국屬國의 아홉 조목 '고考'를 지었다. 세가世家나 전傳·지志라 하지 않고 '고'라고 한 것은 완전하게 갖추어진 사서史書가 아니기 때문이기도 하거니와, 감히 나 개인이 쓴 책을 역사서로 자처할 수가 없어서이다. 갑진년(정조 8, 1784) 윤삼월 이십오 일.[4]

(『영재집』 권7)

『발해고』는 유득공 36세 때의 저작이다. 이 서문은 조선 후기 사학사史學史에서 중요한 위치를 차지하는 논문으로,

---

3) 나는 내각內閣에 있으면서 …… 읽어볼 수 있었다: 문집에는 이 부분의 원문이 "余在內閣, 頗讀中秘書, 遂撰次渤海事 …… "인데, 국립중앙도서관 소장 필사 단행본『발해고』에는 "余, 以內閣屬官, 頗讀秘書, 撰次渤海事 …… "로 되어 있다. 후자 쪽이 일반적으로 많이 소개되어 있다.
4) 갑진년(정조 8, 1784) 윤 삼월 이십오일: 문집에는 없고 국립중앙도서관 소장 필사 단행본『발해고』에 있다.

문장 표현 역시 쉽고 간명하면서도 격조가 높다. 이 글은 이우성李佑成 선생의 논문 「남북국시대와 최치원」(『한국의 역사상』, 창작과비평사, 1982)과 같이 읽지 않을 수 없다. 『발해고』는 두 종류의 국역본이 간행되어 있다.

# 우리 고대사 이해의 방법
海東繹史序

　우리나라 역사서는 모두 몇 가지나 될까? 이른바 고기古記란 모두 승려들의 황당무계하고 믿을 수 없는 말이므로, 사대부들로서는 거론하지 않는 것이 옳다. 김부식의 『삼국사기』를 두고 사람들은 '빠지고 소략해서 볼 것 없다'고들 탓하지만, 명산名山 석실石室에 간직된 역사서가 전혀 없었으니, 제아무리 김부식인들 무슨 수가 있었겠는가. 그렇다면 제대로 된 역사서는 오직 정인지의 『고려사』가 있을 뿐인데, 고려 이전은 무엇으로 살펴볼 수 있을까?

　나는 일찍이 이십일사二十一史의 우리나라 관계 열전에서 그 중복된 것을 정리하여 주석을 달고 변설辨說을 붙여서 『삼국사기』 『고려사』의 두 역사서와 서로 보완이 되어 유행한다면 징신徵信에 도움이 되리라 생각하였었다. 그러나 생각뿐 이루지는 못하였지만 가슴에 남아서 생각나지 않은 적이 없었다.

 나의 벗 한진사 한대연韓大淵[1]은 성품이 차분하며 책을 좋아한다. 문을 닫아걸고 옛 역사를 연구하여 개연히 우리 역사에 뜻을 두어서, 나와는 의논하지 않았지만 뜻이 같았다. 더욱 미루어 널리 공부하여 정사正史 이외에까지 범위를 넓혀서, 우리나라에 관련된 수천 년 간의 사실을 경전經傳에서 총서叢書와 패설稗說에 이르기까지 곳곳마다 산견되는 것들을 거의 빠짐없이 찾아내어 베껴 기록하였다. 그리고 손수 칼과 풀을 잡고 떼었다간 붙이고 붙였다가는 떼느라 쑥대머리에 땀을 흘리며 거의 잠자고 밥 먹기도 잊은 채 5~6년 공력을 들여서 비로소 분류하여 항목을 세워서, 모두 몇 권으로 된 하나의 문헌을 힘겹게 이루었다. 세기世紀와 열전列傳이 있고, 천문·지리·예·악·병兵·형刑·여복輿服·예문 등의 조목으로 각기 지志를 둠에[2] 어

---

1) 『해동역사』를 편찬한 한치윤韓致奫(1765~1814). 대연은 자. 1789년(정조 13)에 진사하였음.
2) 지금 전하는 『해동역사』의 편차는 유득공의 이 서문에서의 기록과 다른 부분이 많다. 세기는 그대로이지만, 열전·천문·지리·여복지는 보이지 않는다. 민족문화추진회가 간행한 『국역 해동역사』(1996)의 권별 분류는 다음과 같다.

엿한 역사서인지라, 이를 『해동역사海東繹史』라 이름하였다. 내가 뜻은 두었지만 이루지 못하였던 것을 이제 단숨에 얻게 되었으니, 흔쾌한 일이 아니겠는가.

우리나라 사람들은 간혹 말하기를 '우리나라 역사서로서 평양에 있던 것은 이적李勣에 의해 불탔고, 전주에 있던 것은 또 견훤甄萱이 패퇴할 때 불에 탔다'고들 하니, 이 역시 아무 근거 없는 말이다. 우리나라에 어찌 역사서가 있었겠는가? 기자조선箕子朝鮮은 당우唐虞(요순堯舜) 및 위만조선衛滿朝鮮 이전으로 구획하여, 역사서를 편수하지 않은 시기에 붙여도 좋을 것이다. 한사군漢四郡 4백 년 간은 중국에 복속되어 있었으니, 낙랑태수가 어찌 사관을 둘 수 있었겠는가. 바로 이 점이, 일사逸事와 이문異聞을 반드시 중국에서 찾아야만 알 수 있는 까닭이다. 영동의 예濊와 한강 이남의 한韓, 개마산 동쪽의 옥저沃沮는, 진실로 진수陳壽가 아니었다면 어떻게 있었나를 알 수 있겠는가?

권1~16 세기世紀(16권), 권17 성력지星曆志(1권), 권18~21 예지禮志(4권), 권22 악지樂志(1권), 권23 병지兵志(1권), 권24 형지刑志(1권), 권25 식화지(1권), 권26~27 물산지(2권), 권28 풍속지(1권), 권29 궁실지(1권), 권30~31 관씨지官氏志(2권), 권32 석지釋志(1권), 권33~41 교빙지(9권), 권42~59 예문지(18권), 권60 숙신씨고(1권), 권61~66 비어고備禦考(6권), 권67~70 인물고(4권).

저 진수라는 자가 사필史筆을 잡고 해외의 사실을 기록하면서 이토록 상세하게 할 수 있었던 것은 또 무엇 때문일까? 공손씨公孫氏가 요동 태수를 세습하여 대방군을 세워 한韓과 예濊의 여러 부족을 통합하였는데, 사마의司馬懿가 멸망시켰을 때는 그 산천·도리道里·물산·풍요를 필시 사관이 알게 되었을 것이다. 이후 삼국이나 가라加羅·탐라耽牟羅 등이 모두 사신을 파견하여 예물을 가지고 중국을 찾았고 남북조 시대 여러 나라의 사서가 이를 기록하였으니, 이런 기록들은 그대로 우리나라의 역사 서술이다. 다행하게도 대연大淵의 책이 지금 이루어져서, 널리 포함하지 않은 것이 없다.

옛날 담자郯子가 노魯나라에 조빙 갔을 때 소공昭公이 "소호씨少皞氏가 새의 이름으로 관직 이름을 삼은 것은 어째서인가?" 묻자 담자는 "우리 선조의 일입니다. 제가 압니다" 하였고, 공자는 이를 듣고 그에게 배웠다. 적담籍談이 주周나라에 가서 진晉나라가 주나라로부터 명기明器를 나누어 받은 일에 대해 제대로 대답하지 못하자 주나라 경왕景王은 "숙씨叔氏(적담) 같은 분으로서 그 일을 잊는단 말인가?" 하였다. 그러므로 제나라의 역사를 모르는 것을 옛 군자는 부끄럽게 여겼다. 어찌 이 책을 읽지 않을 수 있겠는가?

유주儒州 유득공은 서문을 쓴다.

『해동역사』는 『삼국사기』 및 『고려사』의 두 정사正史와 병행할 만한 제3의 정사로 기획되었다. 중국 역대 사서 및 각종 서적에 기재된 우리나라 관계 자료를 뽑아 모은 것이다. 『해동역사』의 이런 성격상 자료 비판의 문제가 제기되곤 하지만, 사료 정리를 통해 우리 고대사 이해의 편폭을 크게 넓혔다는 면에서 실로 획기적인 업적이다. 같은 주제에 뜻을 두고 있던 유득공이 그 서문을 쓴 것은 우연이 아니었을 것이다.

# 한사군漢四郡에 대한 인식
## 四郡志序

　나는 사람이 지도地圖를 만들 수 있다는 것을 이해할 수 없었다. 7척 키의 보통 사람이 골짝길을 가자면 막혀서 답답하고 들판을 가면 시야가 십 리를 넘지 못한다. 천하의 군국郡國에 견주면, 개미가 구릉에서 노니는 것과 어찌 다르겠는가. 그럼에도 험하고 평평하고 우묵하고 볼록하며 굽고 곧고 멀고 가까운 지형들을 그대로 그려내지 않음이 없되 척도尺度를 잃지 않는다. 이상도 하지, 아마도 나면서부터 아는 것이 아닐까?

　내가 사는 곳은 우공禹貢 청주靑州의 변방이자 기자箕子의 봉토인 한사군漢四郡의 낙랑樂浪 땅이다. 선조先朝(정조)께서 『동국여지지東國輿地志』를 속찬續撰할 때 나도 교정하는 반열에 있었지만, 요동 지역에서 이민족과 중국이 영역을 확장하거나 축소한 사실을 용이하게 궁구하지 못해서 의심을 품은 지 오래였다. 이윽고 서해 연안 고을에 군수로 나갔으니,[1] 우리 서해는 연·제燕齊의 동해다. 내가 이미 우리 서해를 보고 나자 또 연경에 가게 되어 서북으로 압록강 나루를 건너 왼쪽으로 양평襄平을 돌아보고 남쪽으로 투관渝關을 넘어 징해루澄海樓에 올라 저들이 이른바 동해라 부르는 바다를 바라보니, 으슴푸레하게 짐작되는 일이 있었다. 요동 벌판을 지나면서 수레에 앉아 휘장을 들어올려 동북쪽으로 아득하게 마치 구름과 안개가 쌓인 성루처럼 바라보이는 것, 이것이 개원開元 철령鐵嶺이니, 옛 부여국의 경계를 어렴풋하게나마 알 수 있었다.

마침내 돌아와 역대 사서의 지志를 모아 내 마음 속의 어렴풋하게나마 알 듯한 것을 가지고 엮어서, 한사군의 지志를 만들었다. 나 자신, 아마도 옳으리라 생각한다. 그러나 한나라와의 간격이 천여 년이나 되니, 어느 누가 믿어주겠는가. 믿어주지 않는대도 나는 나의 학설을 지킬 뿐이다.

내가 의문으로 여기는 것은, 옛날 황하가 사막으로부터

---

1) 53세 때인 1800년(정조 24) 8월, 豊川都護府使에 임명되었다가 그 해 12월 파직되었음(김영진, 「유득공의 생애와 교유, 연보」, 『문헌과 해석』 2004년 겨울호).

세차게 흘러서 앞서 이른바 우리나라의 서해이자 저들의 동해로 쏟아져 들어가던 때, 이때 과연 요동 들판이 있었을까 하는 것이다. 지금은 황하는 보이지 않고 오직 대릉하大凌河, 소릉하小凌河, 거류하巨流河, 혼하渾河, 압록강만이 졸졸 흩어져 남쪽으로 흐르니, 앞서 이른바 우리의 서

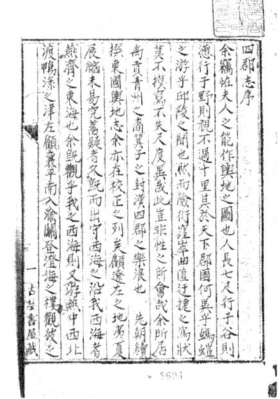

『사군지』, 고려대 육당문고 소장본

해이자 저들의 동해가 축소되고 얕아진 것은 아닐까? 동북쪽으로 아득하게 마치 구름과 안개가 쌓인 성루처럼 바라보이는 것은 옛날의 산 그대로일까, 지금의 산일까? 알 수 없는 일이다.

그렇지만 황하가 물길을 바꾸기 이전의 일을 황당하게 내 어찌 말할 수 있겠는가. 만약 한나라 이후로 산과 바다가 그다지 크게 변하지 않았다고 한다면 내 말은 믿을 만할 것이다.

(『사군지』, 고려대 육당문고 소장본)

기왕의 여러 종류의 『사군지』에는 서문이 빠져 있었다. 위 서문은 고려대학교 육당문고 소장본 『사군지』(표지: 泠齋書種)에 있는 것인데, '고운서옥장'이 판심에 새겨져 있는 유득공의 개인원고지에 필사되어 있다. 서문은 유득공의 친필이고, 본문은 윤이尹吏[아전 윤씨]의 글씨이다.

성해응도 『사군지』를 남기고 있다. 유득공 사후 19년이 지나서 쓰인 그의 서문에 따르면 유득공과의 공동 작업의 결과물이었다고 한다.

이규경은 『발해고』의 경우와 같이 『사군지』가 아니라 『사군고四郡攷』라고 하고 있다(『오주연문장전산고』 경사편4, 사적류1, 사적총설史籍總說).

# 가락국
## 駕洛國

 임자년(정조 16, 1792) 2월 25일에 상上이 영릉永陵[1]을 참배하고 돌아오는데 가락국駕洛國 수로왕首露王의 후예라는 김아무개가 제위답을 고을 사람에게 뺏겼노라 호소하였다. 상은 곧바로 경상감사에게 살펴 시정하도록 분부하고 또 각신閣臣을 보내 수로왕릉에 제사를 올리도록 하였으니, 거룩한 은전恩典이었다.

 살펴보건대 『북사北史』에 "신라는 가라국迦羅國에 부용국이다"[2] 하였고, 『남제서南齊書』에는 "건원建元[3] 원년(479)에 가라국加羅國의 왕 하지荷知가 사신을 보내 조공을 바쳐

---

1) 진종眞宗(1719~1728)의 능. 파주에 있다.
2) 『북사』 권94, 「열전」 권82, '신라' 조에 있음.
3) 제齊나라 고제高帝 소도성蕭道成의 연호.

옴에 '보국장군 본국왕輔國將軍本國王'의 작위를 주었다"
하였다. 상고해보건대 가라迦羅와 가라加羅는 모두 가락駕
洛을 이르는 말이다. 제齊나라 고제高帝 건원建元 원년은
신라 소지마립간炤知麻立干(신라 21대왕. 재위는 479~500) 원
년이고 가락국 질지왕銍知王(8대왕. 재위 451~492) 29년인
데, 하지荷知란 '질지'의 자字인지 아니면 서로 달랐던 옛
날의 방언인지 알 수 없다.

가락은 독자적으로 중국과 교통하였고 신라는 그 부용이
었으니, 삼한三韓의 큰 나라였다. 그런데도 우리나라 사람
들은 단지 고려의 승려가 엮은 바 고기古記(『삼국유사』를 이
름)만을 보고 더 이상 여러 사서史書를 고증해보지 않으므
로 삼한 이전은 모두 미개한 시대로 되어버렸으니 한탄할
노릇이다.

『위서魏書』에 "고구려의 선조 주몽은 큰 알에서 태어났
다"[4]고 한 바, 이것도 너무나 허황하고 기괴하여 믿을 것이
못되는데, 고기古記에서는 마침내 "신라의 시조 박혁거세도
큰 알에서 태어났고, 여섯 가야의 왕들도 금빛 나는 여섯

---

4) 『위서』 권100, 「열전」 권88, '고구려': 고구려는 부여에서 나왔
다. 스스로 말하기를, "선조는 주몽인데 주몽의 어머니인 하백의
딸이 …… 알을 낳았는데 크기가 닷 되 만하였다"고 한다.

개 알에서 태어났다"[5]고 했다. 무릇 "제비알을 삼키고 설契을 낳았다"[6]거나 "거인의 발자국을 밟은 뒤 후직后稷을 낳았다"[7]는 따위는 아득한 옛날에는 혹 있었을는지도 모를 일이다. 그러나 박혁거세가 즉위한 것은 "한나라 선제宣帝 오봉五鳳 원년(B.C. 57)이었다"고 하고, 여섯 가야 왕의 탄생은 "광무제光武帝 건무 연간建武年間(56~57년)이었다"고 이미 말을 했으니, 이때가 과연 어느 시대인데 진한·변한 사람들이 그때까지도 알에서 태어나고 있단 말인가?

『북사』「신라전」에서는 "그 왕은 본디 백제 사람인데 바다를 통해 신라로 들어와서 드디어 신라의 왕이 되었다" 했으니, 양산楊山 기슭 나정蘿井 우물곁에서 얻은 자주색 알을 쪼개자 혁거세가 나왔다는 설과는 다르다. 게다가 가야伽倻란 불가佛家의 말이다. 가락駕洛과 가야의 발음이 서

---

5) 『삼국유사』 권1, 「기이」의 '오가야' 및 '신라 시조 혁거세왕' 조를 참고.
6) 은殷나라를 세운 탕湯의 선조가 설契인데, 그의 어머니 유융씨有娀氏는 제비가 떨어뜨린 알을 삼키고 설을 낳았다 한다. 설의 후손이 탕왕인데, 그의 존칭이 천을天乙이었다. 유득공은 이를 축약하여 '탄을呑乙'이라 한 것이다(『사기』「은기殷紀」참고).
7) 주周나라 무왕武王의 선조는 후직后稷인데, 그 어머니 강원姜嫄이 들판에 나갔다가 거인의 발자국을 보고 이를 밟았다가 후직을 낳았다 한다.

로 비슷하여 어리석은 승려가 마침내 가락을 가야로 바꾸어버렸다. 그의 대大·소小·벽진碧珍·아라阿那·고령 가야古寧伽倻 등의 설은 허황하고 괴이하기가 더욱 심각하다.

(『고운당필기』 권3)

 이런 짤막한 글도 짜임이 치밀하다. 제위답을 뺏겼다는 사실 자체가 수로왕 곧 가야국에 대한 당시 인식의 반영이라는 점을, 말하지 않고도 잘 드러내고 있다.
 가야가 아니라 가락국이라는 제목 역시 마찬가지. 나라 이름부터 역사에 제대로 정착되지 못하고 있다는 것이다.

# 평양의 수혈
## 平壤隧穴

『삼국지三國志』「고구려전」에 있는 말이다.

> 고구려 동쪽 지방에 큰 구멍이 있는데 '수혈隧穴'이라 부른다. 10월이면 나라 안 사람들이 많이 모여 수신隧神을 맞이한다.

지금 평양부의 성 동쪽 모란봉 아래에 가로로 뚫린 굴이 있는데 깊고 캄캄하여 깊이를 알 수가 없고, 안에는 박쥐가 많이 서식하고 있다. 세상에 전해오기로는 동명왕이 기린마麒麟馬를 기른 곳이라 하여 기린굴이라 부른다. 그러나 동명왕은 평양에 도읍한 적이 없고 기린마의 전설은 황당해서 믿을 수 없는 것이니, 이 굴은 바로 『삼국지』에서 말한 '수혈隧穴'이다.

또 『삼국지』「읍루전挹婁傳」에는 "마을마다 어른이 있어서 숲속에 거처하는데 항상 굴에서 생활하며, 큰집은 아홉 겹 담으로 깊이 둘려 있다"[1] 하였다. 평양부의 고적에 구제궁九梯宮이 있는데, 아마도 고구려가 읍루를 본떠서 만든 것인가 한다.

(『고운당필기』 권3)

---

1) 이 부분의 『三國志』 원문은 다음과 같다. "人多勇力, 無大君長, <邑落各有大人, 處山林之間, 常穴居, 大家深九梯>, 以多爲好." 유득공은 < > 안의 부분만을 인용하였는데, 그래서 원문과는 의미가 달라졌지만 '구제九梯'에 중점이 있기 때문에 그대로 번역하였다.

# 만주 벌판의 형세
把婁旅筆序

   나는 월사月沙 이선생李先生(李廷龜)이 엮은 『숭정주문崇禎奏文』을 읽고 저도 모르게 크게 탄식을 하였다. 청나라 군대가 요양遼陽을 함락시켰을 때 봉성鳳城 사람 정조월丁朝月이라는 자가 무리 수백 명을 모아 변발을 하고 만주족의 옷을 입고는 마을 사람들을 위협하고 겁을 주었다. 그때 동팔참東八站은 명나라와 교통이 끊기었다. 참으로 호걸스런 사람이 있었다면 의병을 규합하여 동강東江의 여러 장군들과 힘을 합쳐 험난한 곳을 차지한 다음 한 번 전투를 하다가 죽는 것이 옳은 일이었다. 그렇지 않았다면 피난민을 이끌고 뗏목을 만들어 물 흐름을 따라 등주登州·내주來州로 내려가는 것이 옳은 일이었다. 그렇지 않았다면 동쪽으로 우리나라에 피난하는 것도 괜찮은 방법이었다. 어째서 허겁지겁 변발을 하고 만주족의 옷을 입었을까? 이것은 변발을 하고 만주족의 옷을 입는 데 지극한 즐거움이 있기 때문이었다.

내가 심양瀋陽에 들렀을 때[1] 더불어 교유한 기하인旗下人들은 모두 시문詩文을 배우고 익혀 위엄 있고 엄숙하여 사군자士君子의 기풍이 있었다. 시문을 짓고 술을 마시며 우스갯소리를 하는 자리에서 공손히 내 갓을 빌려 써보고 내 옷을 빌려 입어보면서 차마 자기들의 의관을 우리 것에 견주지를 못하니, 이는 그들의 갓이며 옷에 지극히 싫은 것이 있기 때문이다. 아! 백 년 전에는 지극한 즐거움이 있었는데 백 년이 지난 뒤에는 지극한 혐오가 생겼으니, 그 까닭이 무엇일까? 만물은 극치에 이르고 나면 반드시 처음으로 돌아가는 법이어서 갔다가 돌아오지 않는 경우는 없으니, 그렇게 되어 가는 줄을 인식하지 못하더라도 그렇게 되어 갈 따름이다.

무릇 요동은 천하의 큰 벌판이다. 한漢・당唐・명明 나라가 차지했을 때는 척후斥候와 정장亭障이 천 리에 뻗쳐 있었으니 그 사람들의 호오好惡를 알 수가 있고, 요遼・금

---

1) 1778년(정조 2) 7월이었다.

金·원元 나라가 차지하였을 때는 이름난 도시와 큰 성이 번듯하게 서로 연이었으니 그 사람들의 호오를 알 수가 있다. 지금은 심양에다 성경盛京을 설치하고 건주建州에 흥경興京을 설치하였다. 흥경은 내가 아직 가보지를 못하였으나 성경의 인사들은 내가 만나보았다. 천하에 큰 변란이 생기면 성경의 인사들이 무슨 관을 쓰고 어떤 옷을 입을지 모르겠다. 심양은 옛 읍루국挹婁國이므로, 나의 이 기행문을 『읍루여필』이라 이름 붙인다.

(『영재집』 권7)

만주 벌판은 동아시아 정세를 좌우해온 곳이다. 박제가는 유득공의 『발해고』에 붙인 서문에서 영웅과 제왕이 일어나기가 요동 벌판보다 더 성대한 곳이 없었다고 하였다. 지역적으로 중국 정세에 민감한 것이 그 이유였다고 한다.

중국을 방문하는 우리나라 지식인들은 중국 정세 파악의 한 핵심적 관건으로 만주 벌판을 주목하였다. 청나라 황제들이 직접 열하에 가 머물면서 북쪽 변방을 중시한 것 역시 그런 역사적 맥락에서였다. 박지원이나 유득공 등도 이 시기 청나라에 위협적 요인으로 몽고를 지목하고 있었다.

한족 왕조와 만주족 왕조는 만주 벌판을 대하는 자세가 정반대였다. 유득공의 1778년 중국 방문은 북경이 아니라 심양을 목적지로 한 것이었다. 그는 여행기에 '읍루 여행 기록'이라는 이름을 붙였다. 만주 벌판이야말로 우리 민족의 무대였다는 것이다. 그의 이같은 자세는 『발해고』 및 『사군지』 등의 저술에서 일관되게 나타난다.

# 양대박梁大樸
## 題雲巖破倭圖

호남은 옛 백제 땅이다. 『북사北史』에는

> 백제는 습속이 말타기와 활쏘기를 중시하고 겸하여 책도 좋아해서 빼어난 사람은 제법 글을 지을 줄 알고 이사吏事에도 능하며 점치기와 음양오행법을 안다.

하였다.

또 왜倭의 역사를 살펴보았더니 왜의 성시聲詩·악률樂律·병법兵法·불교佛敎와 바둑·장기 등 여러 놀이는 모두 백제에서 배웠으니 왜는 백제의 속국이었고, 이 속국은 감히 상국上國과 겨루지 못한 지가 오래였다.

만력萬歷 임진년(1592)에 왜가 동래東萊를 통해 바다를

양대박이 왜적을 무찌르는 상황을 묘사한 「운암파왜도」

건너 쳐들어왔는데, 나는 탄환, 뽑아든 칼날이 날쌔기가 휘몰아치는 비바람 같아서 연이은 진영鎭營들이 금세 궤멸되었다. 왜적이 호남 지역을 침범하려 하자 이통제李統制(이순신)는 수군으로 쫓고 권원수權元帥(권율)는 육군으로 섬멸하였다. 게다가 양청계梁青溪 대박大樸은 대방帶方의 평민으로 천여 명 의병을 이끌고 운암雲巖 벌판에서 싸워 풀을 베듯 새를 잡듯 어쩌면 그렇게도 쉽게 왜병을 무찔렀던가? 관군이나 의병이나 다 옛 백제 땅의 용사勇士요 기재奇材며 검객들이었다. 청계는 본디 문무를 겸한 데다 충성스럽고 비분하며 강개하였으니 이분이야말로 어찌 『북사』에서 말한 바 빼어나게 특출한 사람이 아니겠는가? 풍속과 기상이 아무리 오랜 세월에도 변하지 않는 것이 이와 같다니!

  지금 임금(정조) 20년(1796)에 특별히 대사마大司馬를 추증하고 시호를 내렸으며, 규장각에 명령하여 『실기實記』 10권을 편찬하게 하였다. 양씨 집안에서 간직해오던 불에 훼손된 「운암파왜도雲巖破倭圖」를 책머리에 다시 본떠 그렸는데, 날아오를 듯한 자세로 분노하여 질타하고, 영웅스럽고 용맹한 모습이 넘쳐흘렀다. 호남 사대부로서 이 책을 보는 이는 팔뚝을 걷어붙이고 분한 기운을 토해내며 왜놈 보기를 소인배 보듯 할 것이다.

(『영재집』 권8)

# 박의朴義
## 書高敞縣志朴義事

박의朴義(1600~1653)는 호남 고창현 사람이다. 침착·용맹하고 말타기와 활쏘기에 익숙하여 무과에 뽑혀 부장部將에 임명되었다. 인조 병자년(인조 14, 1636)에 병마절도사 김준룡金俊龍(?~1641)[1]이 근왕병을 이끌고 수원까지 갔다가 청나라 군대와 조우하여 광교산光敎山에서 크게 싸웠다. 박의는 이때 준룡의 막하幕下에 있었는데 양고리楊古里를 쏘아 죽였다. 양고리라는 자는 만주 정황기正黃旗 사람인데,

---

1) 자는 수부秀夫, 본관은 원주. 1608년(선조 41) 무과에 급제, 1636년 전라도 병마절도사가 되었는데 이해 병자호란이 일어나자 직산稷山을 거쳐 용인龍仁 광교산에서 진을 치고 청 태조의 사위인 백양고라白羊高羅 장군을 포함한 많은 적병을 사살하였다. 시호는 충양忠襄.

제4부 우리 역사와 우리 땅

영원寧遠·금주錦州 사이에서 전투를 할 때 명나라의 용맹한 장수들이 아무도 맞서지 못하였다. 여러 번 공로를 세워 품계를 뛰어넘어 공公에 이르렀고 노아합적努兒哈赤[2]의 딸에게 장가들었다. 전사한 뒤 무훈왕武勳王에 봉해졌다. 이는 저들과 우리쪽에 다 믿을 만한 사료史料가 있으므로 살펴볼 수 있다.

청나라가 우리나라를 침략해올 때 삼백 명 기병을 선봉으로 세우고 삼천 기병으로 뒤를 도와 나는 듯이 내달아 그대로 둔 채 스쳐지나 온 우리나라 성읍城邑이 천여 리나 되었다. 이는 대개 그들이 반드시 이긴다 생각했기 때문이요, 과연 이겼다. 우리나라 여러 도道의 절도사節度使들은 우격羽檄을 받고는 흐느껴 울기만 하다가 민병民兵을 불러모아 진영을 연이어 진격하였으니, 이는 대개 스스로가 반드시 패배한다 생각했기 때문이요, 패배하지 않은 자가 없었다. 저들과 우리가 강하고 약하며 용맹하고 비겁한 형세가 어찌 그다지도 차이가 심했던고. 그런데도 박의는 한갓 편비編裨로서 제 몸을 돌보지 않고 분투하여 곧장 전진하여 저들의 이른바 액부대장額駙大將을 쏘아 죽였다. 되놈들의 곡소리는

---

2) 일반적으로 노이합적努爾哈赤이라 쓴다. 청나라 태조 누르하치.

산골짜기에 가득한데 호남 군사들은 피리와 고등을 불고 승전고를 울리며 산 위에서 내려다보았으니 과연 누가 강하며 누가 약한가? 누가 용맹하며 누가 비겁한가?

얼마 안 있어 박의가 누구인지, 양고리를 쏘아 죽인 사람이 누구인지를 모르게 되었으니, 정말로 쏘아죽였는가 아닌가? 저 청나라 사람들은 혹 이 문제를 꺼내는 사람이 있으면 도리어 성을 내어 놀리고 희롱한다 여기니, 비록 박의가 직접 말을 하더라도 꾸짖어 망령되다 할 터이다. 이것이 박의의 공로가 지금까지 알려지지 않은 까닭이다. 아하! 모든 사람이 다 비겁한데 한 사람만이 용감했으니 남들이 믿지 않는 것은 말할 것도 없다. 만약 그때 박의 같은 사람 십여 명만 있었더라도 혹 해볼 만했을 터인데. 고려 때 김윤후金允侯는 처인성處仁城의 승려로 몽고의 원수 살례탑撒禮塔을 쏘아 죽이고 대장군에 임명되었는데, 박의 같은 사람은 관직이 직동만호直洞萬戶[3]에 지나지 못했다. 사람들은 이를 더욱 비분해하지만, 그러나 그의 뛰어난 공로는 윤후와 같다고들 한다.

(『영재집』 권7)

---

3) 직동은 평안북도 운산군雲山郡 북쪽에 있는 지명.

유득공은 양대박과 박의에 대해 여러 차례 큰 관심을 표명하고 있다. 그 중에서도 특히 청태조의 사위인 양고리를 사살한 박의의 업적이 알려지지 않은 것을 안타깝게 여겨서 자주 거론하고 있다. 다음 기사도 마찬가지다.

> 우리나라 사람으로서 빼어난 전공을 세운 자는 다음과 같다.
> 고구려 을지문덕은 수나라 군대를 패주시켰고, 안시성주安市城主는 당 태종을 물리쳤다. 고려 강감찬은 거란 소손녕의 군대를 대파하였고 김윤후金允侯는 몽고 원수 살례탑撒禮塔을 사살하였다. 조선의 호남 장사 박의朴義는 청 태조 누르하치努爾合赤의 사위인 무훈왕武勳王 양고리楊古利를 사살하였다.
>
> (『고운당필기』 권4)

# 여진평
## 女眞坪

 교리校理 이명연李明淵[1]이 외직으로 단천端川의 이동 만호梨洞萬戶에 보임되었다가 돌아와서 내게 해준 말이다.

 본진本鎭(梨洞)에서 북쪽으로 백여 리를 가면 '은룡덕隱龍德 봉화대'가 됩니다. 북쪽 풍속에 산꼭대기를 '덕德'이라 부른답니다. 봉화대에 올라 여진평女眞坪을 바라보노라면 눈길이 막힐 데 없어서 끝이 없어요. 동북쪽은 무산茂山에 닿고 서북

---

1) 1758~1803. 자는 여량汝亮 또는 원량元亮, 호는 구포瞿圃 또는 옥류玉流. 본관은 전주. 광평대군廣平大君 후손. 1790년 문과. 정언, 교리 등의 비교적 낮은 내직을 거쳐 홍원洪原 현감·덕원德源 부사·북청부사·영흥부사 등의 외직으로 마쳤다. 이가환을 탄핵하다가 이동만호梨洞萬戶로 좌천되었음.

쪽은 갑산甲山에 닿는데, 여진평의 둘레는 7백 리나 된다고 합니다. 서북쪽 30~40리쯤에 어떤 산이 솟아서 둘러 있는 품이 꼭 성성처럼 생겼는데, 성안에는 백탑白塔이 촘촘하게 들어서 그 숫자를 모를 정도입니다. 진졸鎭卒에게 물었지요.

"여기를 무엇이라 부르느냐?"

"만탑萬塔이라고 합니다."

자세히 살펴보자니 성이며 탑은 필시 하늘이 지은 것이었습니다.

"너, 가본 적이 있었더냐?"

"가본 적은 없습니다."

"너, 이 들판을 건너본 적이 있었더냐?"

"없었습니다."

여진평을 역사서에서 상고해보건대 아마도 바로 고구려 동명왕이 도읍한 졸본천卒本川인 듯하고, 만탑은 아마 바로 『위서魏書』에 이른바 흘승골성紇升骨城일 것이다. 졸본이란 솔빈率濱이다. 내가 편찬한 『발해고』에 삼수三水·갑산甲山 등지를 솔빈부로 비정하자 논란하는 자가 말하기를,

"『당서唐書』에 '솔빈率濱의 말[馬]'을 일컬었는데, 삼수三水·갑산甲山 같은 산골짝에 무슨 말이 있었겠는가?"

하여, 내가 몹시 곤란하게 여겼었다. 지금에야 비로소 갑산

은 단천과 여진평 하나를 사이에 두고 있음을 알았고 단천에는 양마良馬가 나니, 이 어찌 하나의 증거가 아니겠는가?

여진평은 예전에는 야인野人들의 소굴이었고, 이동梨洞·쌍청雙靑·황토기黃土岐 등의 진鎭은 야인을 방어하기 위해서 설치되었다. 이제 야인은 없고 여러 진장鎭將들은 텅빈 들판만을 바라보고 있으니 전혀 의미가 없다. 게다가 그 땅을 버려 둔 채 농사도 짓지 않고 목축도 하지 않으니 몹시 애석한 일이다.

이교리는 또 말하였다.

> 진鎭에 있으면서 유람할 때 혹 들판에서 떼를 지은 이리들이 내달려 닫는 것을 보기도 하고 혹은 뿔이 가늘고 큰 영양羚羊이 절벽에 뿔을 걸고 잠든 것을 보기도 하였습니다. 촌락은 쇠락하고 진장들의 가렴주구로 곤궁해져서 생계를 이어갈 수 없고 사냥을 할 줄도 모른다고 합니다.
>
> (『고운당필기』 권4)

# 서북 지역의 목재
## 西北之材

　서북 지역은 새로 짓는 고을 청사가 매우 커서 다른 도道의 선화당宣化堂도 그만 못하니, 큰 재목이 많기 때문이다. 온 산 가득 아름드리 소나무와 삼나무가 울창한데 몇백 년을 베어낸 적이 없어서 혹은 선 채로 마르기도 하고 혹은 땅에 쓰러져 썩어간다.

　만일 장진강長津江에서 띄워 압록강으로 나가서 뗏목으로 엮어 강물을 따라 바다로 내려가면 얼마 안되어서 강화도 어구에 닿을 테고, 경강京江으로 끌어들이면 재목을 이루 다 쓸 수가 없게 될 것이다. 비단 장진강뿐만 아니라 갑산甲山의 허천강虛川江, 강계의 독로강禿魯江이 모두 압록강으로 들어가므로 이런 수로水路가 있는데도 서북 지역의 재목은 모두 썩은 채로 내버리니, 너무나 개탄할 일이다.

또 창성昌成·삭주朔州 사람들 말을 듣자니 만주 사람들은 압록강 상류에서 벌목해서 밤낮으로 뗏목을 타고 강물을 따라 내려간다고 한다. 압록강 일대는 저쪽과 우리가 공유하고 있는데, 저들은 강을 이용해서 재목을 운반하지만 우리는 하지 못하고 있다. 이런 일은 몰라서는 안 된다.

(『고운당필기』 권4)

# 서해의 여러 섬
西海諸島

계축년(정조 17, 1793) 2월 20일 빈대賓對에서 어떤 비당備堂이 아뢰기를,

> 서북쪽의 폐사군廢四郡 지역인 옛 후주厚州 서남쪽의 많은 섬은 애초 혹 야인野人들이 들어와서 산다거나 해적이 침입해오는 것 때문에 그 땅을 버려 두었습니다. 이제 그런 걱정이 없어진 지 수백 년이 지났는데도 여전히 백성들의 경작을 허락하지 않는 것은 매우 부당합니다. 고려 때 조운흘趙云仡은 '대청도大靑島와 소청도小靑島 등의 섬은 모두 비옥한 토양에 물고기와 소금의 이익이 있다'고 하였고, 이전의 상신相臣 유성룡은 '신미도身彌島 등의 섬은 지세가 광활하니 마땅히 둔전屯田을 해야 한다'고 하였습니다. 이 어찌

견해가 없이 그렇게 말하였겠습니까? 근래 인구는 늘었지만 경작할 만한 토지는 없으니, 신의 생각으로는 장연長淵의 대청·소청도를 본도本道의 수사水使로 하여금 가까운 비장裨將을 파견하여 살펴 조사하게 하고, 선천宣川의 신미도身彌島와 철산의 대가차리도大加次里島와 가도椵島를 선천부사로 하여금 직접 살펴 조사하게 하여, 모두 지형을 지도로 작성하여 아뢰게 하여 조정의 의론에 붙여 처결하게 하소서.

하니, 상이 허락하였다.

이때 직각直閣 서공徐公도 『사군고四郡考』를 찬술하여, 『당지唐志』를 인용하여 사군四郡을 발해의 신주神州로 추정하였으니, 이전 사람이 밝히지 못한 점을 밝혀내었다고 이를 만하다. 무릇 우리나라 지형은 동북쪽은 두만강이고 서북쪽은 압록강이며 동서남 삼면은 바다로 둘러싸여 있으니, 이 이른바 2강 3해二江三海다. 그 안쪽은 한 자 한 치라도 버려 두어서는 안 된다.

(『고운당필기』 권4)

# 제 5 부

# 동아시아에서 서양으로

# 같은 시대를 사는 중국 시인들
竝世集[1] 序

시는 어디에서부터 일어났던가? 바로 이남二南・십삼국十三國의 땅에서 일어난 것이 아니었던가? 무릇 토양에는 알맞은 식물이 있고 물건은 전해온 유래가 있으니, 아름다운 옥으로는 남전藍田[2]의 옥을 일컫고, 단사丹砂는 구루句漏[3]를 말하고, 인삼은 상당上黨의 것을 치고 차茶는 고저顧

---

1) 『병세집』은 육비陸飛를 선두로 엄성嚴誠・기윤紀昀・옹방강翁方綱・전대흔錢大昕 등 중국인 71명과 일본인 10명, 안남인 5명, 류큐인 4명의 시를 싣고 있다. 중국인의 시는 188제題 268수首이고 일본인은 합리合離가 두 수를 지어 11제 11수, 안남・류큐는 각 한 수씩 9제 9수여서, 모두 208제 288수의 시가 실려 있다. 국립중앙도서관과 규장각 소장.
2) 섬서성陝西省 남전현藍田縣 동남쪽에 있는 산 이름. 아름다운 옥이 난다(『한서』「지리지」).
3) 광서성廣西省 북류현北流縣 동북쪽에 있는 산 이름. 이 산의 보개

渚를 말한다. 지금 다만 시를 말하면서 중국에서 찾지 않는다면 이는 마치 농어鱸魚를 먹으려고 하면서 송강松江으로 가지 않거나, 귤을 구하려고 하면서 동정호洞庭湖를 건너가지 않는 것과 같은 셈이니, 옳은 일인지 모르겠다.

우리 동방은 중국과 요동 벌판 하나를 사이에 두고 발해 한 바다를 건너 있어서 이름은 외국이지만 운남雲南·귀주貴州 등의 여러 성省과 비교해본다면 지극히 서로 가깝다. 다만 국경으로 한계를 긋고 내·외로 구별을 하였으므로 같은 시대에 태어나서도 아득히 멀기가 천 년이나 되는 것 같아서, 종종 형편없이 견문이 적으면서도 잰 체하며 스스로 만족해하는 사람이 있어서 평생을 농어나 귤 맛을 알지 못하니, 어찌 크게 안타까운 일이 아니겠는가?

옛날에는 최치원·김이오金夷吾가 고운顧雲·장교張喬와, 이중사李仲思(이제현)와 이중보李仲父(이곡)가 우집虞集·조맹부趙孟頫·황진黃溍·게해사揭傒斯와 모두 문학계에서 나란히 이름을 날렸고, 주고받은 시문이 지금까지도 사람의 눈을 비추어 현란하게 한다. 그런데 이는 몇백 년에 몇몇 사람일 뿐이었다. 명明나라 때에 이르면 오중 사걸吳中

동寶圭洞 안에 세 개의 석실이 있는데 진晉나라 때의 갈홍葛洪이 여기서 도가의 법술을 단련했다고 한다.

四傑·전후칠자前後七子와 경릉파竟陵派·진계유陳繼儒의 명성이 온 중국을 진동시킨다. 그러나 이 땅의 여러 식자들은 온통 그쪽으로 귀를 기울이고 있으면서도 듣지를 못하다가 몇 세대가 지난 뒤 판각된 문집이 우리나라로 전해진 다음에야 비로소 아무 때 모모한 사람이 있었음을 안다. 이는 마치 사통팔달의 큰 도회지에는 참외며 과실이 한물인데 궁벽한 시골에서 철이 다 가도록 앉아 기다리는 꼴이다.

나는 동지 몇 사람과 스스럼없이 담론하다가도 이 문제에 이르면 크게 한탄하고 옷깃을 여미지 않은 적이 없었다. 그러다가 진기년陳其年의 『협연집篋衍集』과 심귀우沈歸愚(沈德潛)의 『국조시별재國朝詩別裁』를 읽고는 중국의 인문이 성대함을 더욱 깨닫게 되었는데, 다만 앞선 시대가 아닌 나와 동시대의 사람으로 어떤 이가 있는지는 알지 못했다. 십수 년 이래 여러 동지들이 말을 타고 요동 벌판을 가로질러 연경에 노닐지 않은 이가 없다. 그들이 더불어 교유한 바는 모두 이남·십삼국 땅의 사람들로, 어떤 사람은 관각館閣에 드날리고 어떤 사람은 강호江湖를 방랑하였는데, 그들의 풍류와 문물은 당세를 뒤덮어 빛내기에 족하고 그들이 지은 시는 적절하게 조화롭기가 아·송 雅頌을 이은 듯해서 반드시 후세에 전해질만 했다. 사

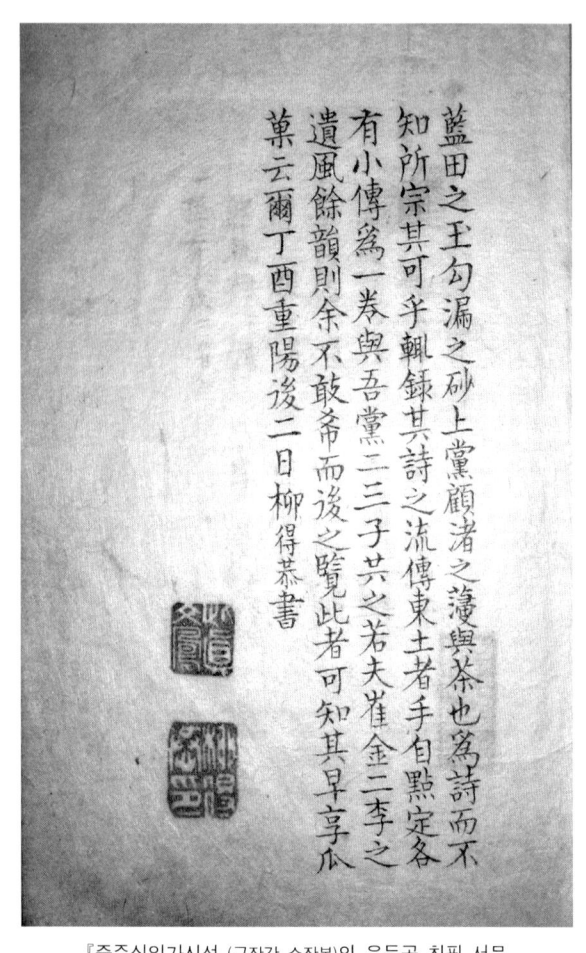

『중주십일가시선』(규장각 소장본)의 유득공 친필 서문.
'此眞/文鳳'인과 '柳得/恭印'이 찍혀 있다.

걸이며 칠자가, 어찌 유독 지금이라 하여 그런 정도의 인물이 없겠는가? 이들이야말로 이른바 남전의 옥이며 구루의 단사요, 상당과 고저의 인삼이며 차이니, 시를 말하면서 중국에서 구하지 않는다면 어디서 구할 수 있겠는가?

이에 그 주고받은 시문과 풍편風便에 나라 밖으로 흘러 전해온 것을 그때마다 기록하여 손수 교정하여 두 권으로 만들고, 일본·안남·유구 세 나라의 시 약간 수를 덧붙여 내 주위 몇몇 동지들과 돌려보기로 한다. 저 최치원·김이오와 두 이씨가 남긴 훌륭한 풍류는 내가 감히 바랄 수가 없지만, 뒷날 이 책을 보는 사람들이 내가 시대에 뒤떨어지지 아니하였음은 알 수 있을 것이다. 병진년(정조 20, 1796) 인일人日에 고운재古芸齋에서 쓰다.[4]

(『영재집』 권7)

---

4) 병진년 인일人日에 고운재古芸齋에서 쓰다: 유득공의 문집인 『영재집』에는 이 구절이 없고, 규장각 소장 『병세집』에 있다. 고운재란 유득공의 당호. 만년에 고운동古芸洞에 살았다고 한다(『한경지략漢京識略』).

# 일본 시의 동향
日東詩選序




 일본은 동해 바다 가운데 있는데, 중국과의 거리는 만 리나 되고 우리나라와 가장 가깝다. 그 나라에서 저술된 『화한삼재도회和漢三才圖會』라는 책을 살펴보았더니 시서詩書·예악禮樂·전진戰陣의 방법에서 불교·사도邪道·장기·바둑 따위 놀이까지 우리나라에서 얻어가지 않은 것이 없었다. 생각건대 일본은 부유하고 그 풍속은 재빠르며, 간사한 재주·교묘한 기술이 뛰어나지만 유독 한시漢詩는 잘 짓지를 못한다.

 원씨源氏가 정치를 담당하고부터는 우리와의 관계가 끊이지 않아 새로 관백關伯이 서면 반드시 사신 보내주기를 요청해온다. 그러면 우리나라에서는 삼품관三品官 한 사람을 정사正使로 삼고 시종侍從 한 명을 부사副使로, 또 다른 한 명을 종사관從事官으로, 문임文任 한 명을 제술관製述官으로 삼아 보내서 답례하게 한다. 정·부사와 종사관은 각각 서기書記 한 사람씩을 부르고, 재관材官·검객劍客·의원醫員·화가[畵師]며 취창吹唱·격구擊毬 등 무릇 한 가지씩의 재주가 있는 자를 모두 막중幕中에다 불러모으는데, 그 중에서 서기를 가장 중요하게 여겨 일행이 모두 예의 주시한다.

계미년(영조 39, 1763)에 전임 장흥고봉사長興庫奉事 현천玄川 원중거元重擧가 사신 일행으로 선발되었다. 이해 가을에 배가 부산포釜山浦를 떠나 대마도對馬島에 정박하고 일기도壹岐島를 스쳐 적간관赤間關을 지나 대판성大坂城을 바라보았다. 바다로 뭍으로 수천 리 길을 지나 강호江戶에 닿았으니, 강호란 관백의 도읍지다. 지나는 길에는 이름난 도회지며 큰 고을이 연이어 서로 잇닿아 있었고, 배는 모두 붉은 색으로 칠을 했는데 온갖 무늬의 깃발이 나부끼고, 길을 따라 대[竹]를 심어 가로수로 만들었다. 남자와 여자들은 짙은 화장에 현란한 의복으로 골목골목마다 나와 보는데 사신들은 위의威儀를 갖추어 온화한 모습으로 지나갔다. 묵어가느라 머무르는 곳마다 진기한 구경거리를 차려놓고 물고기며 날짐승들을 대접하고 게의 눈자위며 새우 수염에는 금을 입히기도 했으니, 그들이 남에게 뽐내고 자랑하기가 이와 같다.

서기의 임무는 오로지 시를 주고받는 것을 관장하는 것인데, 예물을 가지고 뵈러 오는 사람들에게는 으레 시 한 수를 지어주는 것이어서, 붓을 잠시도 멈추지 않고 곧바로 써내려가 마치 미리 구상해 놓았던 것처럼 해야만 비로소 능하다고들 하였다. 간간이 장편長篇·험운險韻을 가지고 몰려와 곤란하게 만들고 이리저리 뒤엉키고 섞여 질서도 없어서 거의 감당해낼 수가 없을 지경이었으나, 바삐바삐 급한 대로 지어준 작품들은 곧장 간행되어 온 나라에 퍼졌고, 한 마디 칭찬의 말을 얻어들은 사람은 드디어 사림士林에서 이름이 드러난다고 한다.

현천옹은 천성이 독후篤厚하고 정자程子·주자朱子의 학문을 즐겨 이야기하였으므로 저들이 더욱 존중하여 반드시 '노선생老先生'이라 일컬었다. 일본에서 문장에 능한 사람들은 대개 의관醫官이나 승려들이었는데, 합리정잠合離井潛·나파사증那波斯曾[1]·부야의윤富野義胤·강전씨岡田氏 형제

---

1) 1727~1789. 교토의 유학자. 사증斯曾은 이름, 자는 효경孝卿, 통칭은 주선主膳, 호는 노당魯堂 혹은 철연도인鐵硯道人. 고학古學을 하다가 성리학으로 바꾸었다. 『좌전표례左傳標例』『학문원류』『도통문답』『동유편東遊篇』『노당문집』 등을 저술.

가 더욱 뛰어났다. 이들은 모두 현천과 깊이 사귀었다. 현천이 귀국한 뒤에 강산거사(薑山居士: 이서구)가 그의 『해항일기海航日記』와 증별시贈別詩 67수를 뽑아 『일동시선日東詩選』이라 명명하고 나에게 서문을 써달라 부탁하였다. 그 시가 훌륭한 것은 삼당三唐에 비길 만하였고 훌륭하지 못한 것도 왕이王李(왕세정·이반룡)와 맞먹을 만하여 오랑캐들의 조잡한 소리를 일신一新시켰으므로 칭찬할 점이 많았다.[2]

상고해보건대 일본이 처음 중국과 교통한 것은 후한 건무建武 때였는데, 뒤에 '해뜨는 곳의 천자'라 일컬으니 수隋나라 황제가 불쾌하게 여겼다. 조경晁卿과 조연(「肑然」)은 일본 사람으로 당나라와 송나라에서 가장 저명하였지만 모두 시문은 전하는 것이 없고, 명나라 초에 객리마합喀哩嘛哈이라는 사람이 고황제高皇帝의 시에 차운하여 스스로 자기 나라를 중국에 비기고 사람들은 상고上古 때와 같다 뻐기니 언사가 매우 불손했다. 만력萬曆 연간에는 침략을 일삼더니 임진년의 전쟁을 일으켰다. 이 때문에 중국에서 내

---

2) 현천옹은 천성이 독후篤厚하고 정자程子 · 주자朱子의 학문을 즐겨 이야기하였으므로 …… 칭찬할 점이 많았다: 이덕무의 『청비록』 권4, 「청령국시선」에 인용되어 있다. 다만 『청비록』에는 중간의 "강산거사가 …… 서문을 써달라 부탁하였다" 까지가 빠져 있다.

쫓기고 거절당해서 문물을 유통하지 못하였으므로 문화가 캄캄하게 되었다. 그래서 중국에서 주변 나라들의 시를 편찬하는 사람들은 일본을 안남安南·점성占城의 아래에 두게 되었고, 끝내 스스로 떨칠 수가 없었다.

요즈음 들으니 나가사키에서 배가 항주杭州·절강浙江으로 왕래하고 나라 사람들도 점점 서적을 간직할 줄 알며 글씨와 그림을 배워 거의 볼 만하게 되어간다 한다. 삼대三代 때는 나라가 작아 직접 천자를 뵙지 못하는 나라들이 큰 나라에 붙는 것을 '부용附庸'이라 하였다. 지금 이 책이 넓게 멀리까지 유포되어 민풍民風을 채집하는 사람이 취하는 바 되게 하는 것은 우리나라의 여러 군자君子들이 감히 사양하지 못할 임무다.

(『영재집』 권7)

# 일본에 대한 이해
蜻蛉國志序

　방문을 나가지 않고도 사방 오랑캐의 사정을 아는 것은 독서하는 사람이 아니고는 할 수가 없고, 설령 독서를 하더라도 의지가 있는 인재가 아니면 또한 할 수 없는 일이다.

　아! 작고한 벗 이무관李懋官은 어찌 부질없이 독서만 한 사람이었다고 말할 수 있겠는가. 나는 일찍이 무관과 함께 왕명을 받들어 역대의 병지兵志를 편찬했는데 초고가 완성되어 왕께 뵈었더니,

　"중국은 주周나라부터 명明나라까지, 우리나라는 신라·백제·고구려부터 고려까지의 병제兵制를 이제 다 알게 되었다. 그러나 여진·몽고·일본·유구琉球도 우리나라 남쪽과 북쪽의 이웃이 아니겠느냐. 그들의 군진軍鎭의 제도를 몰라서는 안 되니, 너희가 엮어서 아뢰어라" 하셨다.

물러나와 내가 무관에게 "내각內閣에 이들 나라에 대한 책은 없으니 어떻게 하지요?" 하고 묻자 무관은 "나한테 있습니다" 하고는 그의 문서 상자를 뒤져 깨알 같은 글자로 쓴 책을 찾아내었는데, 북쪽 오랑캐와 해외 여러 나라의 사정이 매우 자세하였다. 드디어 뽑아서 편집하여 책으로 만들어서 바쳤다.

 또 한 번은 무관과 같이 앉아 있는데 담을 쌓는 일꾼이 '표류하여 일본 장기도長碕島까지 갔었노라' 말하는 자가 있었다. 무관이 아란타阿蘭陀 사람의 용모를 들어 그에게 따져 묻자 일꾼이 크게 놀라,

 "공公께서는 언제 저 나라에 가셨던지요?" 하니, 그 자리에 있던 사람들이 다 크게 웃었다. 무관이 사방 여러 나라의 사정을 아는 것이 모두 이와 같았다. 세상에서 무관을 독서한 사람이라 평하는 것은 옳은 평가이긴 하지만 그의 독서를 두고 '박식의 밑천으로 삼고 특이한 견문을 넓히려 한 것일 뿐'이라 한다면 무관을 제대로 모르는 사람이다. 지금은 어느덧 세상을 떠나버렸으니 나는 누구와 함께 이 시대의 일에 대해 거리낌없이 이야기를 나눌 수가 있을까?

 무관이 저술한 책에 『청령국지蜻蛉國志』 두 권이 있다. 청령국이란 일본의 다른 이름인데, 그 나라의 생김새가 잠자리와 비슷하기 때문에 그렇게 부른다. 일본은 후한後漢

때부터 대방군帶方郡에 소속되었고 진수陳壽가 처음으로 열전列傳에 넣었다. 그러나 바다 멀리 있어서 중국의 정벌이 이르지 않는 곳이었으므로 그 요령要領을 얻지 못하였다. 무관은 『청령국지』를 엮으면서 그 나라의 역사서를 그대로 따라, 거짓 황제의 연대와 관백關白의 시말始末에서 산천과 길의 이수里數, 풍속과 민요, 물자의 생산, 그리고 서남쪽 여러 오랑캐들과의 왕래와 교역까지 사실에 의거하여 기록하지 않은 것이 없다. 상고하고 따지기를 정밀하고 상세히 하여 풍문으로 듣고 허황하게 기록한 말은 없으니, 나라를 다스리는 사람이 참고하면 이웃 나라와 좋은 관계를 지닐 수 있을 것이고 국경을 벗어나 사신으로 가는 사람이 참고하면 일본의 사정을 잘 엿볼 수가 있을 것이다. 어찌 패관稗官의 잡기雜記로만 지목할 수 있겠는가?

나는 마음 속으로 참 괴이하게 생각하고 있다. 지금 사대부라는 사람들은 바다 방비를 맡아 나가서 표류 선박이 떠밀려오면 그 돛을 바라보고 그들의 옷차림을 보고 말을 듣고 용모를 살펴보고도 어느 나라 사람인지를 모르고 한번 신문을 하고는 법률 조문을 살펴 처리하고 만다. 왜 이 책을 읽어보고 해외 여러 나라의 사정을 알아내지 않는단 말인가?

(『영재집』 권7)

# 일본말과 일본 문자
## 倭語倭字

원현천元玄川(元重擧)[1]의 『화국여지기和國輿地記』에 기록된 일본어다.

산은 야마夜麻, 바다는 유미由未, 물은 민주民注, 불은 희이噫伊, 차는 자이者伊, 종이는 가미加未, 붓은 후대侯代, 먹은 수미愁未, 벼루는 수수리水水里, 집은 박고朴古, 좋은 소식은 예이乂伊, 나쁜 소식은 왈이曰伊, 좋다고 할 때는 용고사리用古沙里, 좋지 않은 것을 일컬어서 이용고사리伊用古沙里, 천천히 가는 것을 소노소노疏老疏老, 빨리 가는 것을 하

---

1) 현천 원중거에 대해서는 오수경, 『연암그룹 연구』(한빛, 2003)의 제5장을 참고

요하요何要何要, 멈추는 것을 마질다마질다麻叱多麻叱多, 우산을 가이加伊, 탈 것을 노리모노老里毛老, 마부를 사이노오沙伊老五, 천역賤役에 종사하는 자를 인속고因束古라 한다.
… (중략) …

현천옹玄川翁은 평소 돈독하게 뜻을 세워 학문을 하였다. 계미년(1763) 통신사가 파견될 때 부사副使의 서기書記로 일본에 갔는데, 저쪽에는 일찍이 물쌍백物雙栢이라는 이가 있어서 자字는 무경茂卿, 호는 조래徂徠 또는 훤원蘐園이라 하고, 육오주陸奧州 사람이었다.[2] 그는 왕원미王元美와 이우린李于鱗의 글을 나가사키에 들어오는 상선商船 편에 구해서 읽어보고 좋아하여, 진정한 학자들이라고 여겼다. 마침내 왕·이王李의 학문을 창도하고 정주程朱를 헐뜯어서, 이르지 않는 바가 없었다. 66주州의 선비들이 쏠리듯 그를 따라서 심지어 '해동海東의 부자夫子'라고 일컬었다고 하니

---

2) 오규 소라이(荻生徂徠, 1666~1728)다. 에도 중기의 유학자. 이름은 나베마쓰双松, 자는 시게사토茂卿, 본디 성은 부쯔物部 씨여서 '부쯔 소라이'라고도 불림. 에도 사람. 처음에는 주자학을 배우고 나중에 고문사학古文辭學을 창도, 가숙家塾인 켄엔蘐園을 열었다. 그의 문하에서 다자이 슌다이太宰春台·핫토리 난카쿠服部南郭 등이 나왔고, 저서로『논어징論語徵』『훤원수필蘐園隨筆』등 다수가 있음.

정말로 가소로운 일이었다. 현천옹은 저쪽 학자들에게 조리 있고 차분하게 정주의 학설을 강론하여 밝혀주니, 저쪽 학자들은 처음에는 의심하다가 차츰차츰 트여 깨쳤다. 옹은 귀국하여 『화국여지기』 3권 및 『승사록乘槎錄』 3권을 저술하여 그 나라 풍속을 상세하게 기록하였다.

(『고운당필기』 권4)

# 류큐 · 베트남 · 미얀마의 사신
琉球 · 安南 · 緬甸使

임자년에 연경에 갔던 수역首譯(수석 통역관) 홍명복洪命福의 별단別單에,

금년에는 류큐(오키나와) · 안남(베트남) · 면전(미얀마) 세 나라가 조공朝貢을 하였는데, 류큐는 정사正使가 마계모馬繼謨, 부사副使가 진천룡陳天龍이었고 안남은 정사가 완문전阮文琠, 부사가 완진阮璡이었으며 면전은 정사가 아찰각소啞札覺蘇, 부사가 득만각得滿覺이었습니다.

류큐의 공물은 유황硫黃 1만 2천 6백 근, 홍동紅銅 3천 근, 백강석白剛錫 1천 근이었고, 안남의 공물은 옥여의玉如意 한 쌍, 은분銀盆 한 쌍, 은봉분銀蓬盆 한 쌍, 은수대銀水臺 한 쌍, 은등수銀燈樹 한 쌍, 은으로 된 학鶴 한 쌍, 은 향로 한

개, 토산물인 견견絹과 환紈 각 2백 필, 육계肉桂 10근, 무소뿔 5쌍, 상아 두 쌍이었고, 면전의 공물은 불상 한 좌, 홍색과 황색 단향檀香 40개, 대홍니大紅呢 3판, 면포緬布 80필, 공작 꼬리 20병屛이었습니다. 상원上元 응제應制에서 유구와 안남의 정사와 부사는 각각 칠언율시 한 수씩을 지어 바쳤으나 면전 사신은 한자漢字를 몰라서 지어 바치지 못하였습니다.

하였다.

(『고운당필기』 권3)

# 만주어
## 滿洲語

 여진女眞은 말[馬]을 '모린毛鄰'이라 하는데, 이것은 모린위毛鄰衛가 취해서 이름 붙인 바이다. 우리말로는 말을 '물沒'이라 하니, 발음이 '모린'과 가깝다. 『한청문감漢淸文鑑』에, 붉은 색깔의 말을 절다截多라 하고 밤색 말을 구랑勾郎이라 하고 홍사마紅沙馬를 부루夫婁라 하고 검은색 말을 가라加羅라 하고 황색 말을 공골公鶻이라 하고 검은 갈기에 황색 말을 고라高羅라 하고 해류海騮를 가리온加里溫이라 하고 선검線臉을 간問이라고 한 것은, 이 모두 우리말이고 또 만주어와도 거의 같다. 땅이 서로 인접해 있어서 서로 배웠기 때문이다.

(『고운당필기』 권4)

# 몽고어
## 蒙古語

몽고어에 하늘을 '등혁력騰革力'이라 하니 곧 『한서』「흉노전」에 흉노는 하늘을 '탱려撐黎'라고 한다는 것이 이것이다. 말[馬]을 막림莫林이라고 하는 것은 만주어와 같다. 고려를 쇄롱혁瑣瓏革이라고 하고 냄새나는 쥐도 쇄롱혁이라고 하는 것은 그 뜻을 모르겠다. 우리나라 사람들은 몽고인을 만나면 누린내가 난다고 싫어하고 만주인을 만나면 고기 먹은 냄새가 난다고 싫어하니, 아마도 몽고인들도 우리를 만나면 비린내가 나는 것일까?

우리 풍속에서 아이들 놀이에 실로 꿩 깃털을 매어 바람에 날리는 것을 고고매姑姑梅라고 하는데 몽고에서는 봉황을 고고매苦苦妹라고 하니, 고고매姑姑梅란 바로 고고매苦苦

妹인 줄을 알겠다. 우리나라 사람들은 고려 때 몽고말을 많이 익혔다.

(『고운당필기』 권4)

# 만주·몽고·왜
## 滿蒙倭

  백여 년 이래 만주滿洲의 자제들은 글씨와 그림을 배우고 시와 문장을 서로 주고받으며, 몽고蒙古는 장막帳幕 속에 고동古董을 놓아두고 향을 사르고 차를 마시며, 왜인倭人들은 학문을 강론하여 심성心性이니 이기理氣를 많이 말한다. 이것이 만국이 태평한 이유일 것이다.

(『고운당필기』 권4)

  원문으로 불과 46자다. 북방 만주 지역의 여러 종족과 몽고, 그리고 일본의 동향은 언제나 중국 정세에 주요 변수였다. 지금 청나라 치하에서 그들은 모두 중국의 자장磁場

에 기속羈束되어 있다는 것이다. 옹정·강희의 치세를 지나 청조 세력의 정점인 건륭 시기를 살고 있는 저자의 관찰이다. 심세審勢 – 천하 정세를 파악한다는 전통이 있었거니와, 한 편의 완결된 보고서로 읽힐 만하다.

# 영국
咉吉利國

계축년(1793)에 연경에 갔을 때 뇌자관의 보고서에,

> 영길리국은 광동廣東 남쪽 해외에 있다. 건륭 28년(1763) 조공을 바쳤고, 금년에 또 조공을 바쳤다. 그 두목인 말알야니, 시당동 두 사람은 그 나라 국왕의 친척이고 일행이 724명인데 그 중에 백 명은 북경에 와서 곧 열하로 갔고 나머지는 천진天津에 머물렀다. 공물 19종을 바쳤는데 제조한 솜씨가 빼어나서 서양인이 미치질 못할 바이다. 9월 초에 천진을 경유해서 수로로 본국에 돌아갔다.

하였다.

생각건대 이는 곧 홍모이紅毛夷이니, 왜인들이 부르기를

'길리시단(크리스찬의 음차)'이라는 것이 이들이다.

(『고운당필기』 권5)

# 부록

# 나의 아버지
### 先府君墓誌

유씨柳氏는 우리나라의 큰 성씨다. 그 족보에는 다음과 같이 기록되어 있다.

유씨는 황제黃帝로부터 나왔고 황제 이후에 전욱顓頊과 우禹로 이어졌다. 공갑孔甲 때 그 아우 조명祖明이 유루劉累와 함께 용龍을 다스려 공갑을 섬기다가 용이 죽자 유루는 도망하고 조명은 두려워 동쪽으로 달아나 패수浿水 가에 살았다. 조명의 후손에 수긍受兢이란 분이 있어 기자箕子의 사사士師가 되니 백성들이 화합하고 결집되었다. 이때 처음으로 성을 왕씨王氏라 하였다. 수긍의 후손인 무일無一이란 분은 신라 시대에 은거하여 도道를 공부했는데 세 번 성씨를 바꾸며 종족을 늘여나갔다. 왕씨에서 전씨田氏로, 전씨에서 신씨申氏로, 신씨에서 차씨車氏로 바꾸어 마침내 차씨가 되어 여러 대를 번성하여 퍼져나갔다. 그런데 후손 색穡이 애장왕哀莊王 때 벼슬하여 적도賊徒를 성토하려다가 계획이 누설되자 화가 두려워 조모의 성씨인 양씨楊氏라 가탁하고 요동遼東으로 달아났는데, 고발하는 자가 양씨를 유씨라고 바꾸어 일러바쳤다. 그래서 유주儒州로 달아나 거기서 살았다. 유주는 뒤에 문화현文化縣으로 바뀌었으므로 마침내 문화 유씨가 되었다. 색의 5대 손인 거달車達은 고려 태조를 도와 삼한 통일에 뛰어난 공을 세워 관직이 대승大丞에 올랐다. 문화 유씨는 대승을 비조鼻祖로 삼는다. 대승 이후 역대로 고려조를 섬겨 큰 학자와 훌륭한 재상이 많이 나왔는데, 공권公權・택澤・경璥・승陞의 4대는 모두 역사에 입전立傳되었다.

본조(조선)에 들어서 잠潛은 경학에 밝기로 이름났는데, 명종을 섬겨 경기관찰사・공조판서 등의 관직을 역임했고, 아들 자신自新은 한성부 판윤을, 그 아들 희담希聃은 장예원 판결사判決事를 지냈다. 이때 광해군이 혼우昏愚하고 문란했는데 판윤(自新)의 따님이 광해군의 왕비가 되자 붙이들이 다 요직을 차지하여 권세와 이익을 추구하고 저택을 단장하며 애완용으로 개와 말을 기르고 음악 듣는 것을 일로 삼았다. 판결사(希聃)에게 아들 정립鼎立이 있었는데 매우 현명하였다. 처음 사간원 정언에 임명되자 탄식하기를, "나라가 파멸되고 종족이 멸망하겠구나"
하였다. 이에 흉악한 의론과 다투어 역적의 탄핵에 맞서다가, 살육의 기미를 경계하여 재앙의 문을 막느라 관직을 버리고 안산安山 산북리山北里로 돌아가 스스로 산북산인山北散人이라 일컬었다. 인조반정 후에 종족 모두가 유배되거나 죽었지만 공은 시강원 사서司書로 부름을 받았으니, 이 때문에 사람들이 그를 훌륭하다고 여기지 않는 이가 없었다. 이를 두고 서울 시정市井의 말에 "유씨 팔립八立에 정립鼎立이 독립獨立"이라 하였으니, 사촌 형제에 '입立'자 항렬이 모두 8명이었기 때문에 이른 말이다.

사서(鼎立)의 아들 기선基善은 집의執義에 추증되었고 그 아들 성구聖龜는 성균 진사로 이조참의에 추증되었고 그 아들 삼익三益은 내자시 주부主簿이고 그 아들 한상漢相은 통덕랑이다. 통덕랑 공은 곧은 지조와 고결한 행실로 사우士友들에게 존중받았고, 아내 평산 신씨는 영의정 신흠申欽의 5세 손녀이니, 이 분이 선군先君의 모친이 되신다.

선군은 휘諱가 춘瑃, 자는 춘옥春玉, 호는 규원葵園인데, 영조 2년 병오년(1726) 7월 27일 태어나 28년 임신년(1752) 6월 16일 돌아가셨으니 연세가 스물일곱이셨다. 양주楊州 송산松山 진좌辰坐의 언덕에 장사지냈다. 불초 득공得恭은

다섯 살에 아버지를 여의고 외가에서 자랐다. 관례冠禮를 한 다음 아버지의 친구를 찾아뵈었더니,

"어허! 잘도 생겼구나. 아버지를 빼닮았구나!"

하였다. 나는 눈물을 흘리며 집에 돌아와 옛 책상자를 열어 아버지께서 지으신 고금체시古今體詩 196수와 『상서尙書』 『예기찰주禮記札註』 『논어류편論語類編』, 손으로 그린 태극太極・홍범洪範・병진兵陣・여지도輿地圖와 산학算學・복서卜筮에 대한 여러 가지 책 등 모두 16권을 찾아내어, 엎드려서 한편 읽고 한편 울었다. 어머니께서는,

"네 아버지께서는 『주역』을 좋아하셔서 읽고 베끼고 하시며 닭이 울지 않으면 그만두지 않으셨다. 지금 그 책이 남아 있느냐?" 물으셨다.

"없습니다."

나는 울면서 대답하였다.

"네 아버지 돌아가시고 떠돌아다니느라 옛 책이 흩어져 없어진 것이 필시 많을 것이다."

어머니께서는 탄식하셨다.

불초한 나는 곤궁했지만 발분해서 공부하였고, 글을 짓자 꽤 칭찬해주는 사람이 생겼다. 아버지의 친구분께서 그 사람에게 말하기를,

"이상도 하지. 그건 아마도 연유가 있어서 그렇겠지요?"

하였다.

아하! 우리가 유씨 성을 얻은 것은 신라 애장왕 때이니 지금부터 천여 년 전이고, 고려 때 대승大丞 이후 27대 동안에도 여러 번 쇠퇴했다가 여러 번 일어났지만 광해군 말년에 크게 쇠망했다 할 만하다. 사서공司書公(鼎立)이 집안을 잘 보존하여 면면히 내 선군에 이어졌지만 또 일찍 돌아가셨으니, 어찌 운명이 아니겠는가, 어찌 운명이 아니겠는가?

불초한 나는 거룩한 세상을 만나 성균 생원으로서 등용되어 집안을 일으켰다. 내각에서 직무를 받들고 지방의 군郡에 차례차례 임명되었으며 3품에 승진되어 당상관의 관복을 하사받았다. 장남 본학本學은 상의원尙衣院 주부인데 아들 하나를 낳았고, 차남 본예本藝는 두 아들을 낳았다. 장녀는 의령宜寧 남준도南駿圖에게 시집가 2남 1녀를 낳았고, 차녀는 창녕昌寧 성익증成翼曾에게 시집갔으니, 아버지의 내외손이 지금 여섯이다. 불초고不肖孤 득공은 눈물을 흘리며 늦게나마 선군의 묘지墓誌를 기록한다.

(『영재집』 권6)

# 나의 어머니
先妣行狀

　작고하신 나의 어머니는 남양홍씨南陽洪氏이시다. 시조는 선행先幸이니 고려 때 금오위金吾尉 별장別將을 지냈고 8대조 한澣은 이조참의로 있으면서 무오사화 때 재앙을 당한 것으로 잘 알려져 있다. 증조부 우익宇翼은 길주목사吉州牧使를 지냈고 조부 시주時疇는 평안도 병마절도사를 지냈고 아버지 이석以錫은 이원현감利原縣監을 지냈다. 모친은 정부인 우계이씨羽溪李氏이시다.

　우리 유씨는 관향이 황해도 문화현이니, 고려 때 대승大丞을 지낸 거달車達의 후예다. 나의 아버지의 휘는 춘瑃이니 포의布衣였고, 조부 한상漢相은 통덕랑이었고 증조부 삼익三益은 내자시 주부였다. 조모는 평산신씨셨다. 어머니는 영조 원년 을사년(1725) 6월 16일에 나셔서 지금 임금(순조)

원년 신유년(1801) 8월 5일에 돌아가셨으니 77세셨다. 양주楊州 송산松山 진좌辰坐의 언덕, 아버지 묘소의 왼쪽에 장사지냈다.

아! 우리 어머니는 열일곱에 아버지께 시집오셨다. 외할아버지 이원공利原公은 재능과 지략으로 공경公卿들 사이에 이름을 떨쳤는데 수천 금의 재산이 있었고, 우리 집은 대대로 선비 가문이었다. 평소 이원공은 우리 어머니를 특별히 사랑하시어 혼수로 보낸 화장품이며 경대가 매우 사치스러웠다. 외할머니이신 정부인은 가르침이 엄하셔서 어머니는 어릴 적부터 여자가 해야 할 노동을 배우고 익히셨다. 글씨와 편지를 잘 쓰셨지만 일찍이 자랑하는 기색이 없으셨고 온화하고 순종하여 효도와 공경의 마음을 갖추셨으니, 우리 할머니께서 몹시도 사랑하시었다. 왕고모이신 김씨 부인은 준엄하고 방정하여 여사女史의 풍모가 있었고 그 일족이 번성하였다. 일찍이 감탄하기를,

"내가 많은 사람을 보았지만 오직 홍신부洪新婦가 제일이다" 하셨다.

외할아버지는 노년을 보내려고 남양南陽의 백곡白谷으로 돌아가면서 유독 우리 어머니가 서울에 계신 것을 생각하고는 종 하나를 뽑아 돈의문敦義門(서대문) 밖에다 물감 가게를 차려주고 밑천을 대주어 살게 하였다. 그리고 약속하셨다.

"나한테서 사람이 와서 유씨 마님을 모셔갈 때 그 종에게 음식을 대접하고 말을 먹여주어서 유씨 집안에 수고를 끼치지 말아라. 너, 지방 고을의 경저리京邸吏라는 것을 알 테지? 경저리와 같은 일을 하면 된다."

이로부터 우리 어머니께서 친정에 다니러 가실 때면 많은 노복들이 뜰에 줄을 지어 절을 하고 편지를 바치고는 대답을 듣고 물러갔다가 첫닭이 울면 말을 먹여 재갈을 물려 왔다. 가마를 꾸리고 짐을 싣고 하루에 일백이십 리 길을 도달하면 십여 명의 노복은 횃불을 켜고 십 리 밖에까지 마중을 나왔다. 친정에 당도하면 형제들이 다 모여 기쁘게 담소하며 즐거워하여 친척 부녀자들이 이를 듣고 감탄하지 않는 이가 없었으니, 지금까지 아름다운 일로 전해진다.

임신년(영조 28, 1752)에 아버지께서 돌아가셨다. 이때 우리 집안은 상화喪禍가 거듭되었고, 나는 겨우 다섯 살인데 병치레를 잘하는 데다 동그마니 형제도 없어서 사람들이 다 두려워하였는데, "큰물을 건너 피해야 좋다"고 말해주는 사람이 있었다. 나는 지금도 기억이 난다. 잠이 들었다 깨었다 하다가 가마 안에서 노 젓는 소리를 듣고는 잠이 덜 깬 소리로 어머니께 여쭈었다.

"여기가 어딥니까?"

"동작나루란다. 지금 남양으로 가는 길이다. 걱정 말거라."

이때 나는 일곱 살이었다. 외할아버지는 이보다 앞서 이미 돌아가셨고 외할머니는 아직 계셨는데, 몇 년 만에 역시 돌아가시자 가산家産이 점점 몰락하여 어머니는 둘째 외숙모 김씨와 함께 지내셨다. 나는 여름에 학질에 걸렸는데 가을이 되어도 떨어지지 않아 거의 살아나지 못할 지경이었다. 태월泰月이라는 여종이 있었는데 남편이 죽자 맹세코 재가하지 않고 어머니를 섬겼다. 나를 업고 숲을 쏘다니고 산 위에 올라가 멀리 바라보며 학질이 떨어지기를 빌었다. 태월이는 내가 장성해서 장가든 다음 우리 집을 떠났다.

나의 외가는 무武를 업으로 삼아서, 외숙들은 말달리고 매로 사냥을 하며 뜻과 기개를 길러 호방하였고 아이들도 모두 복숭아나무 활에 가시나무 살을 깎아 참새를 쏘며 놀았다. 어머니는 나에게,

"너희 집은 여러 대에 걸쳐 문필을 일삼았다. 비록 문필에 능하지 못하더라도 이것[武]으로 부귀를 취하겠느냐? 네 나이 지금 열 살이니 돌아가야겠다. 여기 있어서는 안되겠다" 하시고 마침내 가마를 꾸려 떠났는데, 나와 태월이는 소를 타고 뒤를 따랐다.

우수雩岫 아래 집에 도착하니 옛날의 기와집이 초가가 되어 비바람을 가리지도 못했는데, 할아버지는 해서海西(황해도)에 계시고 숙부와 계부[1]는 모두 장가를 들지 않았다.

옛날 장만해두었던 의복이며 살림살이는 거의 없어졌고 성 서쪽에 있던 밭도 이미 주인이 바뀌었으며 물감 가게의 노비들도 다 흩어져 버렸다. 그러나 어머니는 태연하셨다. 얼마 안되어 경행방慶幸坊으로 집을 옮겼는데, 경행방에는 부귀한 집이 많아 삯바느질을 하여 조석 끼니를 마련하셨다. 나에게는 서책을 끼고 이웃 서당에 나가 배우게 하셨는데 옷차림이 아름답고 곱지 않은 적이 없어서 보는 사람들이 한미한 집 아이인 줄을 알지 못하였다. 한번은 어머니께서 밤중까지 귀한 집 옷을 짓고 계셨는데 내가 책을 반짇고리 위에 놓고 읽다가 갑자기 기뻐 일어나 깡충깡충 뛰다가 등잔을 쳐서 옷 위에 떨어져 기름이 흠씬 배었다. 어머니는 허둥지둥 크게 놀라 어쩔 줄 몰라하시며 갑절로 바느질을 하여 값을 치르려 하셨다. 그러자 귀한 집 부인이 여종을 보내 사양하며,

"비단이야 우리 집에는 부족한 것이 아니니 괘념치 마세요" 하였다. 이웃에서 훌륭하게 여기고 배려해준 것이 이와 같았다.

큰할아버지[2]와 둘째 할아버지[3]가 다 돌아가신 뒤 후손이

---

1) 숙부와 계부: 유련柳璉(1741~1788)과 곤璭(1744~1822).
2) 큰할아버지: 하상夏相(1694~1750).
3) 둘째 할아버지: 주상周相(1700~1742).

없어서 대신 받드는 신주가 좁은 방에 넘쳐났다. 설날이나 명절이 되면 어머니는 크게 걱정하시며 기름을 더 많이 사서 등불을 더 켜두고 바느질을 하시어 새벽종이 울리도록 잠들지 않으셨다. 모은 돈이 상자에 차면 제사지낼 때가 되어 열어서 시식時食을 갖추기를 매우 정결히 하셔서, 갖추어 올릴 음식을 빠뜨린 적이 없었다. 할아버지께서 일찍이 박봉의 벼슬자리에서 돌아오셔서 동지冬至 차례를 올린 다음 크게 탄식하시고 어머니를 부르셔서 말씀하셨다.

"이리 와 보거라. 너, 능참봉을 알 테지? 그 사람들이 대개 수를 누리고 금관자·옥관자를 드리우며 자손이 많은 것은 어째서겠느냐? 귀신이 복을 주기 때문이다. 남의 귀신을 제사지내 주어도 그러한데 더구나 내 조상임에랴. 이제 네게 끝없는 복이 내릴 것이다."

경인년(영조 46, 1770)에 할아버지께서 돌아가시자 나는 승중承重의 복을 입었고, 복을 벗은 다음 성균 생원이 되었는데[4] 거룩한 밝은 시대를 만나 내각의 검서檢書로 발탁되었다. 이후 20년 간 차례차례 여러 관청에서 벼슬하다가 포천현抱川縣과 양근楊根·가평加平 두 군의 원으로 나가[5]

---

4) 복을 벗은 다음 성균 생원이 되었는데: 영조 50년(1774), 유득공의 나이 27세 때였다.

임지에 부임하여 봉양하였고, 이윽고 3품에 올랐다.[6] 아내 전주이씨는 숙부인淑夫人이고 장남 본학本學은 검서관에 임용되었고[7] 차남 본예本藝 및 두 딸은 다 이미 성혼했다.

어머니는 집안 일을 며느리에게 넘긴 다음 방 하나를 깨끗이 치우고 손부와 손녀를 시켜 언문 역사서 가운데 귀감이 되고 훈계가 될 만한 것을 뽑아서 읽게 하고 누워서 들으셨다. 경신년(정조 24, 1800)에 나는 풍천도호부사豊川都護府使[8]에 임명되었고 다음해 봄에 파직되어 돌아와 연경燕京에 가서 책을 구해오는 사행使行에 끼이게 되었다. 심각하게 걱정을 하자 어머니께서는,

"일찍이 네 연경 갔다올 때 보니 넉 달을 넘기지 않고 돌아왔었다. 걱정 말거라. 나는 필시 별 탈 없을 것이다"

하시어, 마지못해 떠나갔다. 돌아올 때 압록강을 건너자자 말을 달려 돌아와 어머니를 뵈니 안색이 온화하고 좋으

---

5) 포천현抱川縣과 양근楊根・가평加平 두 군의 원으로 나가: 1784년(정조 9) 포천현감, 1785~89년 양근군수, 1794~95년 가평군수를 지냈다.

6) 이윽고 3품에 올랐다: 1796년(정조 20) 8월, 통정대부에 오르고 오위장五衛將이 되었다.

7) 장남 본학本學은 검서관에 임용되었고: 1796년 7월이었다.

8) 풍천도호부사豊川都護府使: 풍천은 황해도에 있음.

셨다. 이때 장녀 남씨댁과 차녀 성씨댁도 다 친정에 왔다. 본학의 딸 하나, 본예의 아들 둘, 남씨댁의 아들 하나 딸 하나가 재잘재잘 방에 가득하여 아들 손자가 하나도 빠진 것이 없었다.

6월 16일 아버지의 제사를 지내고 이때부터 병색이 보여서 자리에 누우셨지만 여전히 억지로 일어나셔서 변소에 가시고 부축받지 않으셨다. 약을 올리면 내켜 하지 않으시며,

"병을 약으로 고칠 수가 있다더냐? 너희를 위해 한 번은 마시겠다만 두 번 가지고 오지는 말아라. 마시지 않을 테다"
하셨다. 본학이를 사랑하시어 자주 물어보셨다.

"본학이가 육품六品에 올랐느냐?"

육품에 올라 상의원尙衣院 주부主簿가 되자 기뻐하시며,

"빨리 녹봉으로 받은 쌀로 죽을 끓여오고 녹봉으로 받은 돈으로 술을 사오너라. 이것은 한 번 맛보아야겠다"
하셨다. 또 질문하시기를,

"아직도 8월이 안되었느냐? 나는 8월이 좋은데"
하셨으니, 대개 더울 때 돌아가셔서 자식과 손자들이 고생할까 해서이셨다. 애통하도다! 어찌 차마 말로 다하겠는가.

아! 괴로움과 즐거움, 영광과 쇠락이 서로 인연이 되어 번갈아 바뀌는 것은 고정불변의 이치다. 가득 차도 자랑하지 않고 모자라도 근심하지 않으며 나에게 본디 갖추어져

있는 것을 잘 닦아 저 이른바 운명을 기다리는 것은 군자에게도 어려운 일인데 우리 어머니는 잘도 하시었다. 『시경』에,

  첫 시작이 없었던 적 없지만,   靡不有初,
  끝까지 잘한 경우는 드물었다.   鮮克有終.

하였는데, 우리 어머니는 끝까지 잘하셨다. 그 아름다운 행실은 의도적으로 힘쓰지 않고도 법도에 맞아 언제나 여자로서 행동의 본보기가 되셨다. 내가 비록 불초하지만 감히 지나치게 미화시키지 않고 드러난 것만 거론해보겠다.

 할머니께서 일찍 돌아가시고 숙부와 계부는 어려서 어머니께서 기르셨는데, 장성한 다음에는 수숙嫂叔 간의 예를 갖추어 몹시도 공경하셨다. 친정 친척 가운데 육촌보다 먼 친척이 찾아와 뵙기를 청하면 모두 아프다고 거절하여 만나지 않으셨고 돌아간 다음에는,

 "나는 번거로운 것이 싫다"

하셨다. 부인들의 편지에 옛말을 인용하여 잇달아 주고받으며 그만두지 않는 것을 깊이 잘못이라 여기시어,

 "어찌 그토록 번잡하게 구는가?"

하시고, 손녀들에게 경계하셨다. 이 때문에 친척들은 혹 너

무 가린다 의심하기도 했지만 지나고 보면 그 곧은 마음에 감복하였다. 음식에도 드시는 것이 정해져 있어서 새롭고 기이한 것은 좋아하지 않으셨다. 손녀들이 혹 시식時食을 권해도 한 번 맛을 보시고는 그만두시며,

"50~60년 전에는 이런 음식은 없었다"

하셨다. 손녀들이 웃으며,

"이원利原의 건포乾脯나 남양 바닷속 고기를 어떻게 구해옵니까?"

하니, 어머니께서도 이 말에 한번 웃으셨다. 평소 천식을 앓으셔서 소주를 조금 드시면 가라앉았는데, 내 임지任地에 계실 때는 자주 올리는 것을 허락지 않으셨다. 까닭을 여쭈자,

"늙은 대부인大夫人이라도 부인이 아니겠느냐. 부인에게 올리는 술이 장부에 기록되는 것이 어찌 아름다운 일이겠느냐?"

하셨다. 아무리 사소한 법도라도 굳게 스스로 삼가는 것이 또한 이와 같았다. 감히 입언立言하는 군자에게 질정質正을 구한다.

아들 득공은 삼가 행장을 기록한다.

(『영재집』 권6)

# 나의 숙부 기하선생
## 叔父幾何先生墓誌銘

　공公은 성이 유씨柳氏이고 휘諱는 연璉이며 자는 연옥連玉이다. 연경에 갔을 때 이름을 금琴, 자를 탄소彈素로 고쳤는데, 중국 사람들이 지금도 "유탄소 선생께서는 별고 없으신지요?"라고 묻는 것은 이 때문이다.

　공은 신의에 독실하여, 남과 한 약속은 기필코 실천하는 것을 기쁨으로 여겼다. 상을 당한 친구가 가난해서 염殮을 하지 못하면 조금이라도 지닌 것은 모두 주어버려서 저녁에는 당장 밥을 짓지 못하곤 했다. 식구들은 마땅찮아 하였지만 공은 짐짓 모른 체하였다. 시문을 짓고 글씨를 쓸 때면 가장 최고에다 견주어서, 두보의 시, 한유의 문장에 왕희지의 필법이 아니면 달가워하지 않았다. 또 주비周髀의 학술을 좋아하여 방문 위에다 '기하幾何'라 편액을 붙이고,

그 방에서 조용히 사색에 잠겨 혼개渾蓋(천문)의 학설을 미루어 헤아려 매우 깊이 연구를 하곤 하였다. 그래서 사람들은 '기하선생幾何先生'이라 불렀는데, 기하란 숫자를 따져 밝혀낸다는 말이다. 정조 12년(1788) 무신년 4월 23일에 돌아가셨으니 48세였다. 시흥현始興縣 서우리胥于里 갑좌甲坐의 언덕에 장사지냈다. 나는 이때 양근楊根 군수로 있었는데, 달려가 곡을 하고 동척銅尺과 철규필鐵規筆을 함께 묻어주었으니, 공이 만든 것이었다.

이전에 우리나라 시인들은 오로지 근체시만을 공부하여, 칠언시조차도 잘 짓지 않았다. 가歌와 행行은 간혹 짓기는 하였으나 성조와 운율이 맞지 않는 줄을 끝내 알지 못하였다. 공은 연경에 갔을 때 면주綿州의 이조원李調元과 매우 친밀하게 사귀고 돌아오셨다. 그의 생일이 되면 초상을 걸어놓고 술을 따라 올렸는데, 그 말을 듣는 자들은 혹 비웃곤 하였다. 이조원은 건륭 때 진사가 되어 한림을 거쳐 이부원외랑吏部員外郞으로 전근되어 문장으로 세상에 울렸는데, 얼마 안 되어서 관직을 버리고 성도成都로 돌아가 음악과 기예로 스스로 즐거워하니, 천하 사람들이 고상하게 여겼다.

공의 벗 이덕무 및 동지 여러 사람들은 공을 이어 연경에 들어가 이부吏部의 아우인 중서사인中書舍人 이정원李鼎源을 통하여, 이부의 벗으로서 당대의 대학자인 기윤紀昀·

축덕린祝德麟・옹방강翁方綱・반정균潘庭筠・철보鐵保 등 여러 사람들과 교유하였다. 이에 시를 지을 때 비로소 가歌와 행行의 성운聲韻에 사성四聲을 번갈아 쓰는 묘미를 알았다. 지금 사람들은 차츰 들어 알고 지어서, 다시는 이전처럼 비루하지 않다.

철보는 만주 사람인데, 몽고 양황기鑲黃旗의 부도통副都統 겸 예부시랑으로서 10여 년 동안 총애와 신임이 두텁고 혁혁하였다. 기윤은 상서尙書로서 이름이 해내海內에 무거웠으니, 세상에서 이른바 효람曉嵐(기윤紀昀의 호) 대종백大宗伯이다. 예부는 우리나라 사신을 담당한다. 문서 왕복에 일이 혹 불편할 때는 통역이 성기聲氣를 인연으로 찾아가 요청하면 그 자리에서 당장 처리해서 일사천리로 무사하게 처리해 주지 않을 때가 없었다.

아! 공은 평민으로 일생을 마치신 데다 수명은 50세도 채우지 못하셨으니, 마치 나라 일에 간여한 것이 없으신 듯하다. 그러나 한 번 연경에 가셔서 사람들에게 끼치신 영향이 과연 어떠한가? 건륭 때 『도서집성』 일만 권을 간행하자 정조가 부사인 규장각 직제학直提學 서호수徐浩修에게 구입해 오라 하였다. 그 휘하의 문객들은 그 책의 소재를 몰라 몹시 당황했는데, 공公이 한림 편수翰林編修(축덕린)를 통해서 구득하였다.

정조 10년(1786)에 수차水車 만들기를 논의할 때 그 일을 책임진 사람이 공에게 용미거龍尾車의 제도를 물었다. 이로 말미암아 정조가 이름을 알고 경연에서 신하들에게,

"유련은 재능 있는 사람인가 보다"

하였지만, 공은 얼마 안 되어 돌아가셔서 재능을 시험해볼 수가 없었다. 아! 진실로 재능이 있으셨지만 정조조에 등용되지 못했으니, 운명이로다. 이조원이 지은 『우촌시화雨村詩話』에 공의 시 몇 수가 뽑혀 수록되었으니, 아하! 이것은 천하에 전해지게 될까.

유씨는 문화현文化縣을 관향으로 한다. 고려가 삼한을 통일할 때의 익찬공신翊贊功臣인 대승大丞 거달車達이 공의 27세조이시다. 부친 한상漢相은 통덕랑, 조부 삼익三益은 내자시 주부, 증조 성구聖龜는 성균 진사시다. 모친 평산 신씨는 영의정 문정공文貞公 신흠申欽의 5세 손녀시고, 공의 배필은 전주 이씨 학생 인귀仁貴의 따님이시다. 아들 재공在恭은 평창平昌 이씨에게 장가들었고, 두 딸은 이의영李義榮・조원진趙遠鎭에게 시집갔다. 이들은 모두 관직에 나가지 못하였다. 서녀庶女 둘이 있다. 다음과 같이 명銘을 붙인다.

아하! 여기 서우리胥于里 마을은

기하 선생 잠들어 계신 곳.

사천四川·파촉巴蜀, 항주杭州·절강浙江의 선비들,

선생의 글을 외도다.

(『영재집』 권6)

『기하실유고략』 서문 「길강전서蛞蝓轉序」

유득공의 숙부로서 이 글의 주인공인 유금은 좌소산인左蘇山人 서유본徐有本, 풍석楓石 서유구徐有榘 형제의 어릴 때 선생이었다. 유득공은 이 글에서 단 한 마디도 그 사실에 언급이 없다. 바로 그것이 유득공 개인이, 나아가 18세기 후반 이 땅을 산 수많은 사람들이 처했던 엄혹한 현실을 반증하고 있다. 신분의 차별에 구애되지 않고 자신을 인정해준 천촉川蜀·항절杭浙과 현실로서의 '서우리'는 그렇게 대비되고 있다.

한편, 연암이 서문을 붙인 「낭환집蜋丸集」은 바로 기하 유금의 문집이었다. 역자는 최근 그의 문집인 『기하실시고략幾何室詩藁略』을 발굴하여 소개한 바 있었다. 이름 그대로 그의 문집 전부가 아닌 87수의 시만 뽑혀 필사된 책인데, 그 첫머리에 연암의 서문이 얹혀 있었다. 제목은 「길강전서蛣蜣轉序」이고, 제목 아래에 "「길강전」이란 곧 기하공의 시고詩藁다. 연암 박지원이 서문을 썼다"고 기록되어 있다.

# 역사로서의 시
歌商樓詩集序

시詩란 포괄적 의미의 역사다.[1] 옛날 주周나라가 강성하였을 때 여러 제후국들은 태사太史에게 시를 바쳐서 그 나라 풍속의 좋고 나쁘고를 헤아렸고, 각기 자기 나라의 시를 후세에 전하여 그 나라 정치의 잘되고 못 되고를 살피게 하였다. 역사가 역사가 됨도 이와 같을 뿐이다.

그렇지만 역사가 기록하는 대상은 조정의 일에 그친다. 그러나 시가 싣는 것은 조정에서 시골까지, 천지天地에서 인물人物까지, 실제의 사실에서 허탄虛誕한 일까지, 자잘한 일들을 한 가지도 갖추지 않음이 없다. 그러므로 시에 실리

---

1) 원문은 "詩者, 史之餘也." '여餘'란 '나머지'이지만, 여기서는 본질 또는 핵심의 잉여물로서의 나머지가 아니라, 본질 또는 핵심이 성립 가능한 기저와 범주까지를 모두 포괄하는 광의의 의미다.

는 숨은 이야기 기이한 소문에는 종종 역사가 빠뜨린 일들이 허다히 나타난다. 시가 역사로 됨이 단지 역사가 역사로 되는 경우와 꼭 같기만 할 뿐이겠는가?

하지만, 이는 고시古詩의 경우를 두고 하는 말이다. 한漢나라 당唐나라 때는 시가 주나라 때보다 더 왕성하였지만, 시를 잘 말하는 자들은 오직 두공부杜工部 한 사람만을 '시사詩史'라 일컫는다. 그렇다면 그 나머지 시인들은 알 만한 것이다. 가령 지금 여러 나라의 시를 태사에게 바치고 후세에 전한다면 오히려 풍속을 헤아리고 정치를 살필 수가 있을까? 그렇다면 역사는 따로 역사가 되고 시는 따로 시가 될 뿐이다. 아하! 이런 시도 시라고 할 수가 있을까? 이른바 '산시刪詩한 뒤로는 시가 없다' 함은 한때 욱하는 마음에서 나온 말이 아니다.

유상사柳上舍 혜풍惠風이 그가 지은 『가상루시집歌商樓詩集』을 갖고 와서 나에게 서문을 써주기를 요구하였다. 나는 읽고 나서 찬탄을 하였다.

"시사詩史의 나머지에 가깝구나!"

무릇 부화한 소리와 애절한 음향, 맑고 흐린 소리를 사이를 고르고, 손으로 생황을 뜯으며 눈으로 고운 그림이 아른거리는 따위의 시를 어찌 혜풍이 짓지 못하겠는가? 실로 짓지 않는 것이다.

혜풍은 시를 지을 때 박아博雅를 체體로 삼고 권징勸懲을 용用으로 삼는다. 동해東海에 한 사람이 있어 그 사람이 아름답고 빼어남에도 그 이름이 알려지지 않았으면 반드시 삼가 기록하고, 북해北海에 한 가지 일이 있어 그 일이 세속의 범상한 것과는 크게 다름에도 그 말이 널리 퍼지지 않았으면 반드시 삼가 기록하였다. 나아가 고금을 통하고 우주를 꿰뚫어 대서大書·특서特書하지 않음이 없었으니, 단지 조선의 국풍國風일 뿐만이 아니다. 지금의 시사詩史로 혜풍惠風을 꼽지 않으면 누구이겠는가?

그러나 시를 공부한 지 수십 년에 혜풍은 자신의 집에서 스스로 창唱을 하고 스스로 노래를 부를 뿐 아직도 태사가 채집하러 방문하였다는 말을 듣지는 못하였으니, 아마도 태사가 옛날만 못해서일까? 아니면 지금의 시사가 따로 있는 것일까? 우선 이렇게 써서 뒷날의 광형匡衡[2]을 기다린다.

(서형수徐瀅修, 『명고전집明皐全集』 권7)

---

2) 한나라 때 학자. 『시경』에 특히 뛰어났음.

# 제1부 원문

# 東人著書

著書傳後, 何與於我哉? 況東人著書, 未必傳, 店舍塗壁, 太半東文集, 藥鋪中齎藥小囊, 又皆東文集. 縱使飄落於中土, 寥寥數首, 錄於黃冠・緇流・閨媛之下, 安南・琉球・日本之上, 有何榮哉?

此故友李懋官, 嘗與余言者也. 懋官平生著書等身, 詩文外, 有『士小節』『禮記涉』『淸脾錄』『盎葉記』『寒竹堂涉筆』等篇, 皆開山破荒, 鴨水以東, 未曾有也. 然而, 以傳後爲不屑者, 其曠懷, 不可及也.

# 東研

金道山者, 洪州吏也. 工製研, 流寓京師, 士大夫爭招致之, 平生所製, 殆過千方. 余亦使製玄靑二方.

道山題品研材云: "藍浦石, 最著名. 然只恨玄黯, 花艸紋, 亦不甚奇. 渭原石, 其靑似歙, 其紫似端, 此爲佳品, 猶不如鍾城之雉卵石, 微靑帶白, 敲之庚庚, 如玉溫潤, 善發墨. 平昌紫・高靈玄亦佳, 端川黃太勁, 豊川靑甚粗, 安東馬肝, 最劣不堪用. 書之, 以補東研譜.

# 海東書家

海東書家, 新羅三人.

金生史失其名, 生于唐睿宗景雲二秊. 趙孟頫「書東書堂集古帖」曰: "唐新羅僧金生所書其國昌林寺碑, 字畫深有典刑, 雖唐人名刻, 未能過之也. 古語云: '何地不生才', 信然." 徐居正『東國通鑑』云: "隷行艸皆入神, 宋崇寧中翰林待詔楊球·李革, 見書大駭曰: '不圖今日, 復覩王右軍眞蹟'."

崔孤雲, 名致遠, 字孤雲, 號海雲. 秊十八, 等唐第科, 官至侍御史, 東還爲太山·富城等太守, 諡文昌. 晚隱伽倻山, 不知所終.

僧靈業, 世系無考. 徐居正『筆苑雜記』云: "東國筆法, 金生第一, 靈業亞之, 皆法右軍."

高麗四人.

僧坦然, 世系無考, 李奎報「書訣評論」云: "書長於行草, 當居神品之第二."

文侍郎, 高麗文公裕與其子克謙, 俱有善書名, 而官皆歷侍郎, 雖未定爲何人, 然爲其父子中一人無疑.

李杏村名喦, 字古雲, 初名君侅, 號杏村. 登第, 官至門下侍中 鐵城府院君. 鄭麟趾『高麗史』云: "隷書妙一時."

韓柳巷, 名脩, 字孟雲, 號柳巷. 登第, 官至淸城尹.『高麗史』云: "善艸隷."

本朝十六人.

成獨谷, 名石磷, 字自修, 號獨谷. 高麗恭愍王時登第, 入本朝, 官至議政府領議政, 諡文景.『筆苑雜記』云: "以善書, 鳴一時."

申巖軒, 名檣, 字濟夫, 號巖軒. 官至工曹參判. 李粹光『芝峯類說』云: "工艸隷, 善作大字."

崔提學, 名興老. 登第, 官至集賢殿直提學. 成俔『慵齋叢話』云: "以善書, 名於世, 專倣庚翼."

姜仁齋, 名希顔, 字景愚, 號仁齋. 登第, 官至仁壽府尹. 南龍翼『箕雅』「小傳」云: "書畫俱絶."

朴平陽, 名彭年, 字仁叟. 登第, 官至刑曹參判. 金堉『海東名臣錄』云: "筆蹟必以鍾王爲師."

匪懈堂, 名瑢, 字清之, 號匪懈堂. 莊憲大王第三子, 封安平大君. 申叔舟『保閒堂集』云: "詔使內翰倪謙·右史司馬恂, 見其書, 極口歎賞曰: '倣趙子昻, 而氣象過之, 實罕古絶今. 方今天下工筆法者, 如陳謙之輩, 亦非不多, 如此氣象, 所未曾見'."

成安齋, 名任, 字重卿, 號安齋. 登第, 官至議政府左參贊, 謚文安.『海東名臣錄』云: "眞艸隷三法皆妙."

鄭東萊, 名蘭宗, 字國馨. 官至判書, 封東萊君, 謚翼惠.『慵齋叢話』云: "善書名一時."

成遜齋, 名世昌, 字蕃仲, 號遜齋. 登第, 官至議政府右議政.『海東名臣錄』云: "筆法臻妙, 音律畫法, 莫不精曉."

金悠然齋, 名希壽, 字夢禎, 號悠然齋. 登第, 官至司憲府大司憲.

金自菴, 名絿, 字大柔, 號自菴. 登第, 官至弘文館副提學.『箕雅』「小傳」云: "筆法名世."

成聽松, 名守琛, 字仲玉, 號聽松. 官至縣監, 贈議政府領議政, 謚文貞. 柳夢寅『於于野談』云: "取法解于樞, 雜以趙松雪, 喜用狗毛筆."

黃孤山, 名耆老, 字鮐叟, 號孤山. 成均進士.

宋頤菴, 名寅, 字明仲, 號頤菴. 尙主, 封礪城尉, 謚文端.

申翊聖『東淮集』云:"書倣吳興, 而尤工端楷."

楊蓬萊, 名士彦, 字應聘, 號蓬萊. 登第, 官至副使.『箕雅』「小傳」云:"風骨不俗, 筆法奇古."

韓石峯, 名濩, 字景洪, 號石峯. 官至戶曹正郞. 李廷龜『月沙集』云:"夢王右軍, 授以所書者再, 由是若有神助, 楷額眞艸, 各臻其妙."

右二十三家書法石刻, 爲李薑山都憲所藏, 薑山各搨一本, 曾託家叔父, 寄西蜀李雨村, 雨村大以爲喜. 其小傳, 亦薑山撰也.

# 我書傳於倭

倭子慧竅日開，非復舊時之倭，盖緣長碕海舶，委輸江南書籍故也.

我書之傳於倭中者亦多，戊辰通信時，諸書記與倭儒筆談，有紀國瑞者云："見『高麗史』『輿地勝覽』『攷事撮要』『兵學指南』『懲毖錄』『皇華集』『保閒齋集』『退溪集』『栗谷集』."又有上月信敬者云："見陽村『入學圖說』，晦齋『九經衍義』，退溪『聖學十圖』『啓蒙傳疑』『朱書節要』『天命圖』『自省錄』，栗谷『聖學輯要』『擊蒙要訣』『啓蒙補要解』."

他書之流布倭中，無甚關係，至如『兵學指南』『懲毖錄』，乃是秘書，未知何許姦人，潛賣於倭館? 倭曾引『芝峯類說』中語，妄認鬱陵島，此事亦足監戒.

# 內閣代撰『日省錄』

上所命曰傳敎・楊敎・綸音・備忘記・批答・判付・敎書・諭書・頒敎文, 諸臣所奏曰上疏・箚子・箋文・啓辭・艸記・狀啓・啓目・書啓・別單・擧條.

臣民祈恩者, 有上言, 罪囚有原情, 有口供. 每日兵房承旨, 審定宣布, 兩司吏, 頭先謄出然後, 諸司吏, 次次傳謄. 以片紙, 逐段飛報曰分撥, 裒集一通, 翌朝報來曰朝報. 又稱奇別, 兩司於當日差晩, 先見奇別曰晝紙.

翰林所迹時政記, 秘不敢宣洩, 藏于京史庫, 及鼎足・太白・五臺・赤裳四山城. 注書所記曰筵話, 亦秘之, 或因特旨頒布. 一應政令文書, 注書掌之, 係日編次曰政院日記.

聖上卽阼以後, 內閣代撰『日省錄』, 每日入直檢書官, 取堂后文書, 立綱分目, 文刪而事該, 閣臣釐正, 五日一卷, 繕寫進呈, 以御製而兼史類, 其事尤重.

## 雜寶龜

李經歷萬運, 多識國朝典故, 官曹沿革, 氏族世閥, 有叩輒對. 蠅頭抄藏, 動盈箱簏, 年今七十餘, 猶矻矻不已.

余嘗與薑山承旨及李懋官, 在秘省編書, 適閱『慶尙監司題名錄』, 溯至勝國, 有雜寶龜者. 詫以爲奇, 俄而報李經歷來. 掩卷延坐, 徐問: "我東有雜姓乎?" 曰: "高麗時有雜寶龜, 官慶尙監司." 坐皆大笑.

# 呼倭爲濊

濊者, 東夷舊號.『三國史』, 北溟人, 畊田得濊王印,『三國志』, 夫餘印文 曰: '濊王之印', 盖急讀之爲濊, 緩讀之爲夫餘, 其實則一也. 後凡言蒲與路・福餘衛, 皆夫餘之音轉也.

濊故都, 在我江陵府, 夫餘故都, 在今開原縣, 蒲與路, 在吉林以北, 福餘衛, 在瀋陽以東, 百濟故都夫餘縣, 在我湖西, 是皆濊也. 我人呼倭爲濊, 則未知何據. 倭亦東夷, 故混稱之歟?

# 漢字

在內閣, 南直閣云:"近有一長者, 多讀經史, 善製表策. 適在他坐, 隱几而臥, 見諸少秊, 傳玩乾隆皇筆, 驚問 曰: '乾隆能書乎?' 少年 曰: '然.' 長者取示良久 曰: '此是乾隆筆云爾乎?' 少年 曰: '然.' 長者 曰: '怪哉怪哉. 此兀良哈, 效我國字, 何其若是之巧也?' 諸少秊, 莫不匿笑."

余聞而絶倒.

## 只知有餳

余牽馬奴之母, 南陽海島女也. 季踰八十, 來訪其子, 入謁內堂, 兒女輩, 貴其老白首, 餽以蜂蜜, 則大驚出重門, 呼語其子 曰:

"我食蜜矣. 我曾聞有蜜甘云甘云, 意以謂無過餳也, 今嘗之, 其甘無比. 我今死無恨矣."

余公退, 兒女輩, 笑而言之, 余亦笑. 然天下只知有餳, 不知有蜜者, 亦衆矣, 奚獨南陽海島女也哉.

# 제2부 원문

# 歲時風俗

我東歲時風俗, 往往沿燕中故事. 于奕正『帝京景物畧』: "元夕, 童子撾鼓, 旁夕向曉曰太平鼓, 婦女相率宵行, 以消疾病曰走百病, 又曰走橋." 張遠『隩志』: "京師俗, 念佛號者, 輒以豆, 識其數, 至四月八日佛誕生之辰, 煮豆微撒以鹽, 邀人于路, 請食之, 以爲結緣也." 沈榜『宛署雜記』, "燕都自五月一日至五日, 飾小閨女, 盡態極妍, 已出嫁之女, 亦各歸寧, 號是日爲'女兒節'." 武珪『燕北襍志』: "五月五日午時, 采艾摘葉, 與綿相和, 絮衣七事, 遼主着之, 渤海廚子, 進艾糕."

按元夕走橋, 東俗稱'踏橋'. 人士傾城, 玩月逍遙于廣通·水標諸橋云, 已脚疾婦女, 則不爲也. 四月八日燃燈邀客, 必設楡葉餅, 及蒸豆云, 是佛辰茹素, 但未必念佛號之豆也. 端午俗名'戌衣'. 小兒女, 着紅綠新衣, 菖蒲蘸水額面, 又削菖蒲根作簪, 點朱砂揷髻, 號爲'戌衣粧'. 有一種艾, 名'戌衣翠', 葉擀圓背白, 曝乾可碎作火絨, 又可爛搗入糕, 發綠色, 爲端午時食.

# 東國禮俗

東國禮俗, 與中國不同者甚多. 東國卑賤, 遇尊貴於路, 不得騎馬, 不得掉袂, 不得開扇障面, 不得含竹吸煙. 如有立者, 喝之令坐, 吏胥則至於俯伏. 雨不敢戴油帽, 寒不敢着耳衣, 皆惶忙脫去.

中國則無悼袂・開扇・含竹等諸禁, 而坐者以起立爲敬, 卒隸至賤者外, 亦不下馬.

『三國志』: "高句麗, 跪拜伸一脚.", 『周書』: "百濟拜謁之禮, 以兩手據地爲敬." 今武弁參現宰相, 尚如此. 以其異於中國, 故作史者記之爾.

# 東人御馬

朴燕巖 『熱河日記』 論東人御馬法 曰: "右牽不可, 何況左牽? 文臣不可, 何況武臣?" 可謂名言. 余嘗見倭人 「芳野圖」, 櫻花盛開, 遊觀婦女, 騎馬兢兢, 皆張左右轡. 又聞使倭諸書記言: 雖男子亦張左右轡, 我俗不幸與倭相近, 可羞也.

李奉事箕元 『倦遊集』, 又論東人買騎燕馬云: "喂以所未嘗之荳豆, 加以所未御之鞍薦, 旋旋折項, 蹲蹲投脚, 使騎背者, 擺頭舞肩, 搖搖如坐蕩槳之船, 是豈順馬之性也哉?" 又是名言也.

余亦怪東俗訓馬, 有曰疾鷹, 有曰飛品, 有曰中心, 有曰牛中心, 此乃牽馬者, 閱月經歲, 控銜鳴鞭, 以敎之者也, 馬殆病矣. 善騎馬, 莫如滿漢蒙古, 未見其有是法也. 漢人嘗謂我人曰: "汝國之馬, 背負一人, 口含一人, 何其多力也?" 蓋笑其騎而使人牽也.

# 用車

人皆言用車之利, 而迄未見其用車.

說者曰: "治道之難也, 津船舖板之難也, 店舍高其門廣其庭之難也." 以余所見, 此不過一號令間事, 有何難哉?

但我國, 最重體例, 文武官隔等下馬, 倉卒相逢, 奔避夾巷. 今若責乘車者以下馬之禮, 不便奔避, 數數跳下, 則不如不乘, 焉有乘車者哉?

余遊燕都, 見將車者先入巷口, 則高叫爲號, 雖貴者, 停車於對口外, 不惜斯須之待, 以其有先後之別也.

東俗躁而好淩, 不論先後, 衝突箠擊於隘巷之中, 馬驚軸折, 狼狽而後已, 則焉有將車者哉? 制度可改, 而風俗使未可猝變.

# 詩文

　小兒先授周興嗣 『千字文』, 次曾先之 『史略』·少微 『通鑑』 或 『小學』, 以及他書. 春夏讀抄本唐詩, 以宋之問 「寒食」 詩爲首, 俗號 「馬上唐音」.

　閭巷最愛 『剪燈新話』, 以其有助於吏文也. 『剪燈新話』, 元瞿佑撰, 東士垂胡子林芑註解.

　詩律俗稱風月, 吟風詠月之謂也. 宴集拈韻, 喜用靑黃紅白側理翠羽等箋, 聯幅而寫之.

# 兩湖風俗

『北史』「百濟傳」曰:"俗重騎射, 兼愛墳史, 而秀異者, 頗解屬文, 能吏事. 又知醫藥・蓍龜與相術・陰陽五行法, 尤尙奕棊.

按今湖西・湖南, 皆百濟之地也. 不復重騎射, 而其餘果皆能之. 湖南人最喜占相・五行之術, 棊多國手, 風俗之百世不變如此.

# 花郞

『高麗史』, 忠肅王, 留元遣朴仁平, 謂宰相曰: "昔有小廣大, 隨大廣大, 渡水無船, 謂諸大廣大曰: '我短小, 難知深淺, 君輩身長, 宜先測水.' 咸曰: '然' 入水皆溺. 國語, 假面爲戲者, 謂之'廣大'.

按今倡優曰廣大, 進士及第, 遊街, 所帶黃艸笠揷花, 被錦衣者也. 廣大爲巫女之夫曰花郞, 花郞着假面, 戴尖行乞曰哨卵. 人之顴骨高者, 謂之'廣大骨', 類其假面之謂也. 哨卵之義, 不可解.

花郞者, 令狐澄『新羅國記』: "貴人子弟之美者, 傅粉粧飾, 名曰顱花郞." 是也. 倡優之冒稱花郞, 以其花笠錦衣之故歟. 新羅貴遊, 莫尙於花郞. 徒衆雲集, 嬉娛山水, 謂之香徒. 今之擔喪轝者, 則人賤之, 而亦冒稱'香徒', 貴賤何常之有.

# 淺毛虎

公會諸司郎官說虎，司僕韓判官大裕言：

"淺毛虎最惡. 爲咸興宰時，有是虎，白晝，人畜在野，必捨畜而取人，調四十砲，不能獲. 北俗，用板搆屋，極牢壯，虎毀而入，折一牙，揷在板上. 民獻其牙，出令必擒缺牙虎，屢獲，皆非也. 聞北靑府，有名砲稱金把摠，移文招至，領四十砲行獵，月餘輒以未見. 爲害人之報，續至，計前後殺傷，爲四百餘人. 憤不可耐，拿四十砲，各棍三十. 拿金砲數之曰：

'虎殺傷人四百，汝以名砲，不放一丸，托以未見，是汝殺四百人，吾殺汝矣.'

喝臂强牢子二人，不唱籌對棍. 金砲泣曰：

'小人實見之矣. 小人，結髮學砲，凡獲七十餘虎，刱見此惡虎，料不可以一兩丸斃之. 小人雖先放，孰肯繼放乎？父子兄弟, 或可對放, 本府砲手, 雖四百, 無足恃也. 死棍死虎, 等爾. 小人有子, 亦能砲, 展限四五日, 招而至, 庶可爲也.'

遂許之已. 金砲果與其子偕來, 亦健兒也.

父子荷銃入山, 命四十砲相助, 金砲辭以無益. 然亦隨往, 悉登樹而觀, 金砲父子, 俱穿艸色衣, 挾銃對伏叢薄間. 虎緣谿徐步而下, 其父先放, 虎咆哮趁砲響覓人. 其子繼放, 虎又躍趁砲響而趨. 其父又放, 山谷響喨, 如是半餉, 虎始斃. 四十砲, 皆股栗喪魄, 始下樹, 昇虎入府. 金砲父子, 隨至詭白曰:

'小人父子, 凡十七放矣.'

審其虎, 牝也, 缺一牙, 毛淺如疥牛. 剝其皮, 有穴十六, 知一丸誤放也. 府境孤寡, 坌集噉其肉, 斂錢四萬餽金砲, 金砲不受而歸, 府民殺牛以餞. 金把摠之名, 振於北關矣."

此虎嘗帶三雛而行, 至是府, 民圍而格殺之, 亦皆淺毛, 盖有此一種也.

按『爾雅』: "虎竊毛, 謂之'虦猫'." 竊淺也, 虦音棧.

# 說熊

熊多力而癡，與虎鬬，折木打虎，不再用，故力先疲，爲虎所制. 峽戶馴熊，天雨，使捲稻席，夜有雨，熊盡撤藩籬，積于宇下.

北關人，雪中捕熊，挾一斧二索入山. 熊多居空心大木中，以斧隱木，熊怒而嚇不嚇，人固不知也，以其嚇也，故斧穴其木，熊出一臂欲奪斧，人以索縶其臂于他株. 又穴之，又出一臂，又縶之于他株，則成擒矣.

砥平樵夫入山，見熊望蜂而走，詷之. 熊坐巖石間，得蜜窠，以指探而嘗之，顧而走. 樵夫意其引子也，先馨其蜜，撒穢滿窠，登樹再詷. 熊果引三子，到窠前列坐，用木枝，攪以納之子口，子搖頭惡之. 熊怒，以掌打其頰. 次至他子，莫不惡之，輒打頰. 遂大攪，而自街之，急擲其枝，却坐忿忿. 樵夫失笑, 熊大吼跳, 至樹下, 且撼且掘, 又欲綠登. 樵夫大呼救命, 同輩悉集逐之, 僅免.

李懋官, 爲沙斤丞, 時遊智異山寺, 寺僧云: "熊善盜醬, 爲諸僧所憎. 有爲之策之者, 伺熊至醬柵, 佯爲不知也者, 而用斧劈大木頭, 半開揷划, 諸僧以次跨木坐, 扯划, 作堅不可拔狀, 喧笑不已. 熊忘醬熟視, 諸僧稍稍散去, 匿而窺焉, 熊徐步至跨木坐, 其勢洽垂刽隙. 熊乃一扯拔划, 木合鎖勢, 瞪然不敢動, 群僧出而縛之"

壬子十日月十九日, 公退步, 閒與客說熊, 付兒輩錄之.

# 鷲鳥名

鷲鳥, 種類甚多. 鷹之當季生而調馴者曰'甫羅鷹', 甫羅者, 方言淡紅, 謂其羽毛色淺也. 在山而秊久者曰'山陳', 在家而秊久者曰'手陳', 鷹之最俊, 而白者曰'松鶻', 青者曰'海東靑'. 鷲之小而似鷹者曰'獨戌伊', 鷲之大而能捕麞鹿者曰'伽漠戌伊', 伽漠者, 方言玄也. 似鷲而能捕虎者曰'肉德威', 狀貌雄大, 人負而行, 見虎則飛坐虎頭, 啄其睛. 似鷹而兩翎脩銳者曰'蘭春', 挈翎而斬鵝雁, 亦殺鷹. 似鷹而眼黑者曰'鵰鶻', 能捕鷹. 似鷹而赤胸白背黑眼者曰'方達伊', 能殺鷹. 似鷹而小, 翎銳脚脩者曰'決義', 能捕鶉, 卽所謂'鷂'也. 似決義, 亦似鳩, 而眼黑者曰'盜鈴馱', 能捕鶉. 似盜鈴馱, 而能捕雀者曰'句陳義', 亦曰'孛南甲', 天將風, 則直上半空, 逍遙不下, 孛南者, 方言風也, 卽所謂晨風也.

似決義, 而嘴旁決如刀刻者曰'雀鷹', 能捕雀. 似鷹而尾根有白羽者曰'馬糞掠', 能捕雀. 此載故友李懋官 『寒竹堂涉筆』. 按 『漢淸文鑑』: "甫羅鷹白秋黃, 手陳曰籠鷹 山陳曰山籠."

# 艸木蟲魚

京都時俗, 喜植老松於庭, 編棚結門, 引其餘梢, 爲葫蘆傘, 盖翔鶴之狀, 名曰翠屛. 問老松何木, 鮮能知其爲樅也.

早春, 迎春始放, 指爲辛夷, 深夏, 玫瑰齊發, 冒稱海裳, 見於吟詠. 松子謂之柏子, 蘋果謂之查果, 不復辨詰. 羔者小羊也, 呼殺豵爲羔. 鱮最多骨, 則證勒魚爲鱮. 艸木蟲魚之學, 蔑如矣.

不惟不識艸木蟲魚, 今人見薙髮異服者, 則無論滿洲蒙古, 混稱兀良哈, 西番謂之西方兀良哈, 南蠻謂之南方兀良哈, 抑又不識人也.

# 藁

大經用, 藁也. 軍·廣兩倉, 至置貢人, 朝會·祀享, 皆進排(原註-備待之謂), 舖於庭, 百官拜跪其上, 可謂重矣.

盖屋·編席·織簣·捆屢·飼牛馬, 以之爲索, 則大而鞦韉·引重·下碇, 細而諸縛束貫結之事, 不可暫闕也. 以之爲帒, 則京師轉漕, 州縣儲置軍餉糶糴, 及一應公私穀億億萬石, 皆所盛也.

穀罄, 則名曰'空石', 爲用尤切, 非特覆坦障缺而已. 吉凶之禮, 無此, 則不成. 雖至貴之人, 其生也, 墮於空石, 長而娶婦也, 下馬石, 必以空石, 實土代之. 讀書習擧業, 赴禮闈, 所挾者, 空石也. 老而死也, 空石愈多愈善, 結倚廬舖地, 卷而爲孝子枕. 其葬也, 建閣造幕, 負土·補土, 又皆空石也. 至窮者, 直以空石, 裹而埋之, 亦無所不可. 夫如是, 故倉曹郎官, 空石行下(原註-題給之謂), 爲第一劇務. 其州縣所在者, 營門移檄取用, 邑民呈狀, 求乞應接不暇.

試思之, 人不能離藁, 猶魚不能離水. 高堂邃宇明窓淨几, 若無藁者, 然而瓦底散木, 四壁壁骨, 皆藁索所縛也. 渾室所塗之泥, 卽馬矢所攪也, 馬矢者, 藁之腐也. 紋席之底, 必有編藁, 繡枕之內, 亦有切藁. 人之上下四方, 寢處起居, 皆藁也. 東人, 鮮種檾麻, 又無棕毛, 故藁之爲用, 尤切.

# 家蔘

比年藥舖, 多賣家蔘, 嶺南人所種也. 比山蔘, 性味稍緩, 而價減三分之二, 服藥者便之. 忠州沈翁鏡來言, 忠人亦學而種之.

其法, 穀雨節, 取向陰山谷中, 落葉消化黝色土, 篩下細嫩, 實盆中, 墳起, 毋令客水盈汩隨. 盆大小, 取家蔘本, 或三或四植之, 必半臥半起, 然後, 善萌也. 置盆於牆陰樹底, 不甚曝陽處, 土埋半盆. 盆穿橫穴數三尤妙, 土氣四溱故也. 最忌鼠知, 鼠酷嗜蔘, 知其所在, 掘噉無遺, 編竹若木, 密圍而防之. 俗又忌婦女窺見, 喪家來往, 此則不必然也.

春種一錢重, 秋可得二三錢重. 開花結子, 取其子, 種之亦生, 一季之內, 已比針矣. 山蔘移種者, 過三季後, 始長, 而亦稱家蔘. 嶺南人則種之於田, 與菜無異, 蓋亦土宜也.

利之所在, 人爭慕效, 賣牛賣田, 易蔘而種之, 往往致富饒. 此風, 過嶺而至于忠矣.

　蔘, 爲交隣重貨, 江界之民, 困於採納, 流亡太半. 聖上, 宵旰西顧, 屢諭大臣備堂講矯捄之策. 減稅添價, 德意藹然, 江民庶幾其蘇矣. 蓋蔘非特在山而已, 種亦可得, 而又人所樂種者, 則幾何而不遍於八路哉? 國中之蔘有餘, 則江民自不必受困, 豈不幸歟? 余故錄其方, 使有心者見之.

# 淡婆姑

倭呼烟爲淡婆姑, 呼截烟爲支三伊, 我人語亦然, 蓋此艸, 本自倭中來, 故我人學倭語, 而呼之也. 今人不知其爲倭語, 妄解之曰: "淡婆姑者, 膽破塊也, 煙性破痰故也. 支三伊者, 鎭三昧也, 湖南之鎭安·關西之三登, 出佳烟故也." 其說似通, 然傅會甚矣, 自古妄解者, 類多如此.

# 耳掩

堂上官, 貂皮耳掩, 堂下官, 鼠皮耳掩. 耳掩亦稱煖帽, 其制, 外毛裏綿, 隆然包帽, 雙䎃掩耳, 單綏彈背, 初冬至初春, 許戴. 十數秊前, 堂下蔭官不甚戴, 惟戶惠郞, 及卯酉仕官, 或戴之, 而寥寥不過六人, 班行, 指爲'六耳掩', 以笑之. 今則參外流品, 無人不戴, 意不全在於愛耳, 而恥不如人也. 然而, 耳掩之制, 考古圖籍, 未之見也.

# 北魚

 産於一處, 而遍於八路者, 北海之明太, 是也. 此魚, 至繫衆號, 爲'北魚', 長身細鱗, 色微黑, 凍者味美, 半乾亦佳, 久乾味漸薄. 卵可淹醢, 所謂'明卵'者也. 魚商, 湊集於德源之圓山, 馱向南地, 鐵嶺以南山谷中, 聯鑣響鐸, 綿絡不絶, 皆此魚也. 諸路店房, 下飯案酒, 及荒村待客賽神, 莫不用此魚, 其利博哉. 此魚, 産於咸興以北, 高麗人, 似不能沾其味, 爲女眞所擅, 至聖朝, 開拓北關, 而民蒙其利也.

 按『說文解字』, 魦鱳魵鰈鮪鯬, 出樂浪, 鰅出樂浪東西, 魵鮸出薉邪頭國, 薉者濊也, 邪頭國者, 似是樂浪屬縣, 邪頭, 昧也. 九魚, 皆我國之魚, 而今所可解者, 惟民魚之爲鮸, 餘不可解, 未知北魚者, 是何魚耶? 以待溪於『爾雅』者. 余宰捕川時, 寄閣僚詩有云: "縱羞盒裏無西艸, 且喜盤中有北魚." 抱爲北路頭站,故多賣此魚. 西艸,卽關西之金絲煙,非達官,不能繼吸.(原註 - 後考『倭漢三才圖會』,北魚刱立鯡字,又聞,北人言明太者,女眞語也.)

# 平壤人, 飮浿江

平壤人, 飮浿江, 終日擔水, 入大同門, 門內土常濕. 堪輿家言:
'平壤是舟形, 舟不可鑿, 故忌井而飮江.'
余讀『三國史』, 有曰:
"高句麗, 隨山谷以爲居, 食澗水."
然則飮江, 自是舊俗, 可以破傅會之談.

# 茶食藥果

東俗饌品, 有曰茶食. 用松花栗紛黑芝麻等諸色, 和蜂蜜, 製爲花瓣狀, 盤中增累, 可觀. 近閱朱錫鬯『日下舊聞』, 引周麟之『海陵集』云:

"女眞俗重茶食, 阿姑打開國之初, 尤尙此品. 若中州餠餌之類. 多至數十種, 用大盤累釘, 高數尺, 所至, 供客賜宴, 亦用焉."(原註-周說止此.)

始知茶食之出於女眞俗也. 阿姑打, 自是食肉之人, 顧愛此舑舑物, 爲可異. 又按, 周煇『北轅錄』: '蜜和麵油煎之, 胡甚珍此.' 此則今所稱藥果也.

# 제3부 원문

# 三韓詩紀序

昔者, 檀君始作, 人文未彰, 箕子東封, 八敎斯陳. 於時, 回白馬而朝周, 傷原麥而載賦, 凄凄乎 其國風之傍流, 而東詩之鼻祖矣. 伊後衛滿東襲, 武力是崇, 馬韓南奔, 滅裂無聞, 四郡二府, 折爲內壤. 朝鮮洌水, 亦得上計, 而文敎不以益著者, 豈漢所置吏, 多不得其人如文翁者乎?

曁羅・麗・百濟之鼎峙, 世代旣下, 干戈日尋, 至於聲詩絃誦, 汶汶如鴻濛之中, 書契之前矣. 會蘇・兜率, 有曲無文, 玄鶴・伽倻, 有聲無詩. 隋曰乙支, 爲五言之蘇李, 唐時巨仁, 比七字於柏樑, 前此者無有乎? 蓋始見乎此爾.

然而東方古詩, 如「箜篌引」・「人蔘讚」之類, 其傳多因漢人所記錄, 則蓬門之士, 立言雖至千萬, 以待數千里外之人風聞而傳其一二, 不亦難乎? 古之隱君子乙巴素・百結先生著述無一見者, 良以此也, 此有識之所歎閔也.

國朝以還, 選輯家, 有『東文選』·『箕雅』諸編, 而僅自崔 ·朴以後, 三國以上, 則存而不論, 又何所見也? 余宿昔有之於斯. 歲壬辰, 適閒居, 列國乘, 而摘幽光, 究野史, 而揚側陋. 如三代古器, 有則皆珍, 非復采擇.『詩』云: "成儀逮逮 不可選也" 斯亦然矣.

以「麥秀歌」爲首, 終於羅末, 爲一卷, 別集三崔·一朴·渤海人詩·唐人唱酬詩, 爲一卷, 以附之名曰『三韓詩記』.

# 湖山吟稿序

異哉, 玩亭氏之言詩也! 不言聲律而言彩色.

其言曰: "字比則竹也蒲也, 章比則簾也席也. 今夫字焦然黑而已, 竹萎然黃, 蒲爾然白而已. 及夫編竹爲簾, 織蒲爲席, 排比重累, 動蕩成紋, 漪如也燦如也, 得之於黃白之外. 況乎積字成句, 布句成章, 有非枯竹死蒲而已者邪?"

其所云彩色者, 皆此類也. 人多不以爲然, 而余獨樂聞之, 或終日亹亹不已. 雖然亦不知其言之本於何說也.

丙申夏, 玩亭氏, 遭罹世故, 不樂居京師, 出寓湖上, 轉而入東峽, 數月而歸, 出其所著『湖山吟稿』一卷以視之, 率皆漁歌樵唱. 明淨流利, 隱隱爾躍躍爾, 有可以摩挲輒得, 睥睨斯存者. 余戲之曰:

"此復何彩色也?"

玩亭氏笑曰:

"子猶未達耶? 畫雪而畫月者, 只布雲氣, 而雪月自可見, 何必塗金抹朱而後, 謂之彩色也哉?"

余始躍然喜曰:

"子之言詩也, 根乎六書."

六書之數, 一曰象形, 二曰會意, 三曰指事. 畫長於象形, 而詩長於會意, 文則長於指事. 不詩之畫, 枯而無韻, 不畫之詩, 闇而無章, 詩文書畫, 可以相須, 不可以單攻也, 如是夫. 述其言以爲序.

# 田園雜詠序

古之詩人, 喜言稼穡. 雲雨之所膏潤, 霜露之所肅殺, 黍稷方苞, 蓄積墉坻之爲狀, 耒耜錢鎛, 餱器筐筥, 婦子相勞苦, 稱觴獻酬之爲事, 無所遺棄, 嗟嘆詠歌, 以至侯以之饁聲, 田畯之喜色, 亦皆曲寫, 如可聞見.

余意稼穡之事, 勞而不怨, 樂而不肆, 深得乎溫尋敦厚之義, 而與詩道通者也. 然古之農夫, 未必皆能詩, 多出於當世之賢士大夫. 或被之管絃, 用之宗廟, 有使瞽矇朝夕諷誦於其君之不已, 則稼穡之道, 亦重且大矣. 且其詩多列於雅頌, 而豳風以外十二國, 則無甚見焉, 此其爲正聲爲治世之音, 可知已. 今之士大夫, 生長閨闥, 初不知稼穡之爲何事, 黍稷稻粱, 舉其名而不辨其狀者, 或有之, 宜乎不知詩者多, 而以之臨民, 則無以知其艱難, 立乎朝廷, 望其有諷誦之資, 難矣.

芝圃子, 雅善聲詩, 妙年擅科第, 排金門上玉堂, 羽儀淸朝, 行且有日矣. 顧忽忽不樂處京師, 策驢東出, 載經籍, 入芙山中, 要余與居乎寂寞之濱. 余謂芝圃子:

"自此杜門下帷, 深居讀古書, 不復出戶庭, 亦可也."

是時, 秋冬之交, 野有嘉穀, 農夫未休. 芝圃子, 復幅巾便衣于原野之間, 感風霜之凌厲, 慨時物之遷落. 夜則與村翁野老, 圍爐雜坐, 諮豊儉訪產業, 備雞黍飲酒, 以相樂也. 旣而爲詩, 得若干篇, 名曰『田園雜詠』, 多道農家事, 纖而逸, 婉而諧, 如古詩人所詠嘆者, 而後知賢士大夫之樂言乎此, 而非山林老農所可及也. 其鼓沐風化樂業安分之義, 則可管而絃也, 終歲勤動勞筋殫力之事, 則可諷而誦也. 又皆本乎溫尋敦厚之旨, 而渢渢乎其爲治世之正聲, 事君臨民之道, 其在是歟, 其在是歟.

嗟乎! 芝圃子, 豈久居乎此者哉? 行矣勉之哉! 俾昭代登歌樂章, 賡載頌德, 悠揚比興, 比嫩風雅, 雄篇巨什, 不作則已, 如作則必有所歸矣. 芝圃子, 雖欲久居乎此, 詠郊原之樂, 不可得矣. 嗟乎, 勉之哉! 如余者, 退處一廛, 躬耕隴畝, 爲詩人詠嘆中人, 足矣.

# 秋室吟序

『秋室吟』幾卷，尹君穉三所著者也．往余與李懋官，及同志數輩，治詩都下友朋文酒之際，意氣相得，非苟然而已．穉三時尚少，蓋未及從游焉．旣而，余與懋官，供奉內閣，持被鞅掌，余又出守上游，日夜治簿書，鬚種種白，都下舊游，倏忽已在二十年前矣，每一念之未，尚不喟然太息．

己酉冬，余旣解紱歸，則穉三方噪名士林，然屢擧屢屈，遂棄功令業，扁其所居之室曰'秋室'，出其所爲詩示余．

余問:

"秋室何義?"

穉三，愀然良久曰:

"蓋自以爲得秋氣多故爾."

讀其詩，濃纖瀏麗，發以天機，非近世沾沾於模擬者比．

余戱之曰:

"君得秋氣, 而詩有春雲之態, 何也?"

稺三曰:

"終古悲秋之士, 宜莫如屈原·宋玉, 然美人香艸, 庸何傷乎其爲文也?"

余韙其言愛其詩, 而未及有言. 稺三尋病, 數月擁藥爐, 閉門深居, 頗似鬱鬱不得意者. 使人謂余曰:

"尙無一言乎?"

余復曰:

"僕安得無言? 君方病服藥, 請以藥喩, 古之醫者, 以一艸一石投病, 病良已. 本艸日增, 而醫學浸備, 則又不得不參辛甘合平毒, 有君有臣, 有佐有使, 然後方成, 其爲美劑, 今夫三百扁楚騷漢魏以下諸作者, 皆詩家之本艸, 而可謂日增又浸備矣. 若曰: '學唐勿學宋', 又曰: '學宋勿學唐' 此欲以一艸一石, 投今人之病, 而自詡古方, 非愚則妄. 故曰: '焉學焉不學?' 參以合之, 本諸性情, 神以化之, 玩其歸趣, 如斯而已矣. 此余二十年前, 與二三同志言者, 而今日擧以相贈, 以爲如何?"

二三同志者固在, 而又得稺三, 余方閒居, 尙有餘年, 可續前游, 此序所以識喜云爾.

# 鄭求仲詩集序

詩雖小道乎,不專且一,不勇且敢,則用力不深,中道而廢已,吾於鄭求仲,知之矣.

求仲,嶺外之押梁人.自總角時,游學京師,有兄弟三人,守先人田廬,故無鄉里之戀,年二十六而不娶,故無室家之累,性朴直 聞有奇偉之士,不待因緣邂逅,直往而友之而歸.不能飲酒,而輒與飲者角,浮白大吐,委頓而不悔,則稍稍飲矣.棋本下品,而自言必勝,屢敗而屢進,則稍稍棋矣.佳辰宴集,風雨凄凄,賓客多不至,而油帽木屐,于于然至者,必求仲也.酒酣歡笑,無拂意之事,而幡然欲去,則維解其帶藏其屨,必去而後已,以此之故,人皆目以爲默,而余獨愛而押之.

嗟!求仲之於斯世也,旣無鄉里之戀,室家之累,足以撓其心, 則可謂專且一矣. 心之所慕, 力之所及, 任性而行, 其來也, 人不敢疑, 其去也, 人不敢挽, 非勇且敢, 而能如是乎? 大而德行, 次之事業, 無所不可, 而況於詩乎?

求仲, 初不知爲詩, 從我游數年, 得見唐宋元明諸家詩集, 心竊喜之, 借而鈔之, 蓬首流汗, 晝夜不已, 旣而, 發之於吟詠, 淸遠韶雅, 酷類高啓迪, 遂噪名一時, 自歎: '所好之在此.'

使求仲, 見而慕之, 慕而學之, 今旣能之矣, 請棄此, 而學進乎此者. 是爲序.

# 雪癡集序

故友邊逸民，以詩鳴於世. 家貧落拓使酒，喜從武帥游，竟死於南海之濱. 跡或似矣，而其詩之與渭，何如? 未之或辨也.

憶余十八九歲，學爲詩，未嘗不自以爲能. 逸民讀書于駒城山中，旣富有矣，而後游京師，長余八年，與余友甚歡也. 春秋暇日，期集于北山泉石之間，逸民，長身竦肩，裹皁幅巾，磔然曳靸而至，一坐爲之傾倒. 酒酣命韻，倚樹瞑目而坐. 少焉，唱若梵唄索筆疾艸，坐皆聚觀，擊節稱好，余亦未嘗不從而稱好. 旣而，旅游四方，遂不歸.

余供奉內閣二十餘年，舊交落落不相往還，其已死者，又非但逸民也，每思逸民爲人，時復念其詩甚好，而未能其一句也. 歲辛酉，罷官家居，李君仲立，寄到鈔本雪癡集一卷請序，則逸民詩也. 追念疇昔，慨然流涕，試閱其題，頗有與余唱酬者, 語皆工鍊可傳. 余已削其藁, 無一存者, 則昔之自以爲能, 今果何如耶? 見逸民詩, 未嘗不稱好者, 亦必非今日之定見, 特從衆而已. 寡學而自足, 妄論人詩文者, 盍以斯言爲準乎?

逸民詩, 長於近體, 天才特高, 讀書又多. 故造意幽渺, 隸事飛動, 溯源沿流, 當求諸劍南・虞山之間, 比之徐青藤, 則固非逸民之所願學也. 論詩而以性靈爲主, 謂不必多讀書者, 吾未知其何說也.

數百年來布衣詩, 宜無出逸民右者, 可與知者道耳. 嗟乎! 使逸民而在者, 聞余今日之言, 以爲何如? 吾知其抃掌大噱, 命酒一醉已矣, 不可得也.

逸民字也, 其名曰休, 雪癡號也, 亦稱呵呵生. 死而無嗣. 仲立, 從知舊唱和軸中, 抄得古近體凡幾首, 爲此集, 其原藁不知在何處, 悲夫!

# 題二十一都懷古詩

憶戊戌年間，寓居鍾岡，老屋三楹，筆硯與刀尺雜陳，以是爲苦，多坐小圃之傍，荳棚菁花，蜂蝶悠揚. 雖炊烟屢絶，意氣自如. 時閱『東國地誌』，得一首，輒若吟，稚子童婢，皆聞而誦之，可知其用心不淺也.

是歲，懋官·次修入燕，手抄一本，寄潘香祖庶常. 及見潘書，大加嗟賞，以爲兼竹枝詠史宮詞諸體之勝，必傳之作. 李墨莊，爲題一絶，祝編修，另求一本，異地同聲，差可爲樂，傳不傳，不湏論也.

己亥以後，被聖主恩，七年七遷官，俸祿足以資衣食，堂宇足以置筆硯，顧職務倥傯，不喜作詩，縱有作，皆率易而成，非復疇昔之若吟. 公退之暇，見此卷，爲兒輩所讀，不覺悵然，題之如此. 乙巳八月，古芸居士.

## 題熱河紀行詩

　我東人, 無從至熱河, 庚子使臣則至矣. 而自燕京出古北口, 復從古北口入而止矣. 考之前史, 高句麗將葛盧孟光, 迎燕王馮弘, 至龍城, 命軍士, 脫弊袴, 取燕武庫, 精伏給之, 大掠城中而歸. 龍城者, 今朝陽縣也. 朝陽以西, 建昌・平泉等地, 孟光之所未至也.

　余是行, 自遼野之白臺, 徑涉奚地, 游避暑山莊, 入古北口, 出山海關而歸. 閭山在一周之中, 長城歷萬里之半, 可謂未曾有也.

# 『熱河日記』

上以近日文體卑下, 屢降絲綸, 責詞臣, 嚴禁稗官小說, 亦飭諸檢書, 無得務尙新奇. 北靑府使成大中, 獨趨軌塗, 每加襃賞, 命內閣置酒, 賦詩以寵其行. 徐·南兩直閣, 薑山李承旨在席, 皆當世詞伯也, 檢書則余及李懋官與焉, 可謂至榮. 是日南直閣, 以聖旨折簡, 諭安義縣監朴趾源, 若曰:

"『熱河日記』, 乙覽已訖, 能復爲雅正之文, 編帙比『熱河日記』, 膾炙若『熱河日記』, 則可也, 不然有罰."

燕巖, 弱冠善屬文, 名動京師, 旣而, 落拓未第, 隨族兄錦城都尉, 使燕, 遊熱河而歸, 著『日記』二十卷. 嘻笑怒罵, 雜以寓言, 其「象記」·「虎叱」·「夜出古北口」·「一日九河」等篇, 極恢奇, 一時士大夫, 傳寫借看, 數季而未已. 此書竟徹九重, 有是聖敎也.

燕巖, 余輩素所周旋. 方其著『日記』也, 悉削前日所爲文意, 以謂有此記, 則餘不足傳也. 今在下邑, 巾篋中, 旣無一葉舊藁, 忽欲爲莊語, 烏能滿二十卷? 莊語, 又未易膾炙, 所恃以不朽者, 則殆同準勅·惡詩. 天下狼狽人, 莫如燕巖. 余與懋官, 一場葫蘆.

# 檢書體

余與懋官次修結髮, 稱詩於曹溪白塔之西, 唐宋元明, 無適無莫, 意在縱觀百家掇其精華而已. 供奉內閣以來, 亦未暇, 及此零篇短句, 或挂世俗之眼, 疑其太精而過潔, 遂目爲'檢書體', 眞可笑也. 檢書體, 豈別體耶? 具眼者, 自當知之.

# 補破詩匠

 故友李懋官, 誠爲一代詞伯. 余亦謬虛名, 新學後生, 贅詩章請改者, 頗有之. 一日, 懋官擲筆太息, 謂余曰:
 "京師百物, 皆有補破匠. 破盤·破鍋·破鞋·破網巾. 苟令完好, 足以營生. 吾與子老矣, 硯田已荒, 焉能坐而待餓? 挾一筆一墨, 相隨乎彌雲·三淸之間, 高叫'破詩補', 豈不得一椀酒·一楪肉乎?"
 相與大笑. 近與徐學士, 語寓及此事, 大爲絕倒. 遂號余, '輔破詩匠'.

# 題三十二花帖

艸木之花也, 孔翠之羽也, 夕天之霞也, 美人也, 此四者, 天下之至色也, 而花爲多色. 今夫畵美人者, 朱其脣, 漆其瞳, 微紅其頰而止, 畵霞者, 匪紅匪碧, 黯淡淵而止, 畵羽者, 暈金點綠而止.

畵花者, 吾未知其用幾色也, 金君所寫三十二本, 總計艸木之花, 不過千百之一, 而五色不能盡, 非羽也霞也美人也之所可及.

嗟乎! 搆一名亭, 貯美人, 瓶揷孔翠, 庭植花, 倚欄而眺夕天霞, 天下有幾人哉? 然而, 美人易衰, 古羽易凋, 生花易零, 殘霞易銷, 吾從金君, 借此帖而忘憂.

# 隱仙洞記

乙未孟冬, 讀書于楊州之松皐精舍, 有申生某, 導余游乎水落之山隱仙之洞, 緣溪而上, 石盆皎, 泉聲益厲, 而不知山之益峻也. 至數里, 兩壁呀然而開, 石崩架其上, 若戶之有楣, 水注中冲冲然, 亦瀑之一變也. 壁皆削立, 靈楓怪松側栢山榴. 臃腫攀挐, 離奇而倒垂, 壁之下, 磐石可坐數十人, 梨樹臨而婆娑, 春月開花可念云.

余顧而異之, 嗟嘆久之, 謂申生曰:

"洞之奇若此, 而京都之人, 未有稱之者, 何也?"

申生曰: "近而忽之也." 余曰: "不然." 申生曰: "遠而遺之也歟?" 余曰: "又不然." 申生曰: "然則奈何?"

余曰:

"是洞也, 在於都門之外, 華岳‧道峯之間, 則車馬不絶,簫鼓日聞,有力者,必且亭之閣之,垣而囿之,噪名於四方矣.不然,而在於窮徼之表,寂寞之濱,遊宦者之所夸張,遷謫者之所悲吟,好奇之徒,必有裹足贏糧而趣之者矣.今也,以爲近也,京都之人,未可以朝游而夕返,以爲遠也,又不足以裹足而贏糧,處於不近不遠之間,無聞於世,悲夫!"

在「乾」之'九四'曰:"或躍在淵." 文言曰:"上不在天,下不在田,中不在人." 或之者疑之也,是洞之謂歟.

夫士亦然,進不在朝廷,退不在山林,處於不近不遠之間,而欲其震耀乎當世,難矣.

# 柳遇春傳

徐旅公, 曉樂律喜客, 客至命酒, 鼓琴吹笛以侑之.

余從之游而樂之, 得其奚琴焉以歸, 含聲引手, 作蟲鳥吟. 旅公聞而大驚曰:

"與之粟一溢, 此褐之夫之琴也." 余曰: "何居?" 旅公曰:

"甚矣, 子之不知樂也! 國之二樂, 曰雅樂, 曰俗樂. 雅樂者, 古樂也, 俗樂者, 後代之樂也, 社稷文廟用雅樂, 宗廟參用俗樂, 是爲梨園法部. 其在軍門 曰細樂, 鼓厲凱旋嘽緩要妙之音, 無所不備, 故游宴用之. 於是而有鐵之琴, 安之笛, 東之腰鼓, 卜之觱篥, 而柳遇春·扈宮其, 俱以奚琴名. 子如好之, 何不從而師之, 安得此褐之夫之琴乎? 今夫褐之夫操琴, 倚人之門, 作翁媼嬰兒畜獸雞鴨百蟲之音, 與粟而後去. 子之琴, 無乃是乎?"

余聞旅公之言大慼，囊其琴，而閣之不解者數月．宗人琴臺居士來訪，居士爲故縣監柳雲卿子，雲卿小任俠，善騎射．英宗戊申，討湖賊著軍功，悅李將軍家婢，生二子．余從容問居士二弟者，今皆安在．曰：

"噫！皆在爾．吾故人，有爲邊郡太守者，吾裹足踔二千里，得五千錢，歸李將軍家，贖此二弟．其長，居南門外，販綱巾，其季，籍龍虎營，善於奚琴，今之稱'柳遇春奚琴'，是已."

余愕然始記旅公之言．旣悲名家之裔，流落軍伍，又喜其能名一藝以資生也．遂從居士，訪其家，十字橋西．艸屋甚潔，獨其母在，涕泣道舊，呼婢跡遇春，告有客．已而，遇春至，與之言，諄諄然武人也．

後夜月明，余篝燈讀書，有衣黑罩甲四人者，咳而入，其一乃遇春也．大壺酒一龕肩，藍橐帶裹紅沈柿五六十顆，三人者分持之．遇春揎袖大笑曰："今夜且驚書生."使一人跪行酒，半酣，顧謂之曰："善爲之."三人從懷中，出笛一奚琴一觱篥一，合奏且闋．遇春就琴者，膝奪其琴曰："柳遇春奚琴，惡可不聞？"信手徐引，悽婉慷慨，不可名狀，擲琴大笑而去．

琴臺居士，將歸理裝，在遇春家．遇春具酒要余坐，置大銅盆．問其故，曰：

"備醉嘔也."

酒行, 其盃椀也. 有在異室中, 燒牛心, 度酒一行, 割而不提, 承一盤, 臥一箸, 使婢跪而進之, 其法, 與士君子相聚會飮酒, 有異也. 是時, 余蓋携囊中琴往, 出而視之, 曰:

"此琴何如? 昔者, 吾有意於子之所善, 臆而爲蟲鳥吟, 人謂之褐之夫之琴, 吾甚病之. 何以則非褐之夫之琴而可乎?"

遇春拊掌大笑曰:

"迂哉, 子之言也! 蚊之嚶嚶, 蠅之薨薨, 百工之啄啄, 文士之蛙鳴, 凡天下之有聲, 意皆在乎求食. 吾之琴, 與褐之夫之琴, 奚以異哉? 且吾之學斯琴也, 有老母在爾, 不妙, 何以事老母乎? 雖然吾之琴之妙, 不如褐之夫之琴之不妙而妙也. 且夫吾之琴, 與褐之夫之琴, 其材一也. 馬尾爲弧, 澁以松脂, 非絲非竹, 似彈似吹. 始吾之學斯琴也, 三年而成, 五指洁疣, 技益進而槖不加, 人之不知益甚, 今夫褐之夫也, 得一破琴, 操之數月, 聞之者已疊肩矣, 曲終而歸, 從之者數十人, 一日之獲粟可斗而錢歸撲滿, 毋他, 知之者衆故耳. 今夫柳遇春之琴, 通國皆知之, 然聞其名而知之爾, 聞其琴而知之者, 幾人哉? 宗室大臣, 夜召樂手, 各抱其器, 趨而上堂, 有燭煌煌, 侍者曰: '善且有賞.' 動身曰: '諾.' 於是, 絲不謀竹, 竹不謀絲, 長短疾徐, 縹緲同歸, 微吟細嚼, 不出戶外. 睨而視之, 邈焉隱几, 意其睡爾. 少焉, 欠伸曰: '止.' 諾而下歸, 而思之, 自彈自聽而來爾. 貴游公子, 翩翩名士, 清談雅集, 亦未嘗不抱琴在坐, 或評文墨, 或較科名, 酒闌燈灺, 意高而態酸, 筆落箋飛, 忽顧而語曰:'汝知爾琴之始乎?'俯而對曰:'不知.'曰:'古嵇康之作也.'復俯而對曰:'唯.'有笑而言曰:'奚部之琴也, 非嵇康之嵇也.'一坐紛然, 何與於吾琴哉? 至若春風浩蕩, 桃柳向闌, 中涓羽林, 狹斜少年, 出游乎武溪之濱, 針妓醫娘, 高髻油罩, 跨細馬, 薦紅氈, 絡繹而至, 演戲度曲, 滑稽之客, 雜坐談調, 始奏鐃吹之曲, 變爲靈山之會. 於是焉, 煩手新聲, 凝而復釋, 咽而復通. 蓬頭突鬢, 壞冠破衣之倫, 搖頭瞬目, 以扇擊地曰:'善哉善哉.'此爲豪暢, 猶不省其微微爾. 吾之徒有宮其者, 暇日相逢, 解囊摩挲, 目捐青天, 意在指端, 差以毫忽, 大笑而輸一錢, 然兩人未賞多輸錢. 故曰:'知吾之琴者, 宮其而已.'宮其之知吾之琴, 猶不如吾之知吾之琴之爲益精也. 今吾子, 欲捨功易而人之知者, 學功苦而人之不知者, 不亦惑乎?"

遇春母死, 棄其業, 亦不復遇余, 蓋孝而隱於伶人者也. 其言技益進而人不知則豈獨奚琴也哉.

# 送洪僉使遊北關序

嗚呼! 讀史至天下雲擾, 龍爭虎鬪之除, 何其多雄勇傑特, 立奇功絶倫之士也? 世平, 此曹子, 皆安在哉? 飮酒博塞, 浮沈閭里間老死, 而人莫之知爾, 此其不幸歟, 其幸歟? 吾未知也.

李廣手格猛獸, 漢文嘆其不遇, 高帝時, 謂可得萬戶侯, 然廣竟遇武帝大興師誅凶奴, 未嘗不在軍中, 而無尺寸功, 位不過邊郡太守, 失道後期, 恚而引決, 此所謂數奇者也. 使其遇高帝, 不死於彭城之敗, 則蹉跎乎滎陽・城皐之間, 安能裂土分茅, 得比蟲達輩也哉? 反不如藍田山中, 射獵終老之爲可爾.

余外氏家, 世韜鈐. 外高祖吉州公, 身長九尺, 爲宣傳官, 先進用故事, 試以終葵, 怒奪置樑上, 約下者無跂, 百季無其人. 吉州公子孫, 多長大者, 君卽其一也. 少白晳眉漆黑多力, 便弓馬使酒任俠, 避仇湖中, 搏其三壯士, 皆嘔血, 湖人大驚, 走都下遨蕩, 又多傷折人, 丞相怒責三營不能束, 武家兒物色捕未得. 登武科, 事遂已.

遊關西, 邊帥有得驥䭾馬, 咆哮人莫敢近, 君獨騎無他. 邊帥大怒, 將斬其馬, 力求得之, 騎馳還京師, 一日三百里, 顧而無從者, 乃止, 雄駿絶異, 爲勢家所奪, 募良御調之, 益踶嚙絶芻粟斃之, 由是人皆稱君爲騎將才, 顧安所用之哉?

以武臣, 兼宣傳官, 出爲馬梁水軍僉節制使, 罷歸二十餘年, 不復調. 異時敎騎射者少年, 稍稍建鉞, 憐其窮餓, 邀置幕府, 無幾日, 輒醉大罵而歸, 朋輩切責之, 始若憝悔斷酒者已復飮矣, 無復邀之者, 而年過六十矣. 喪其妻, 無兒, 寓族人家, 日聚冗唧老弁, 賭馬弔爲樂. 兩鬢無一白毛, 齒又不落, 見之尙凜凜也. 性戇急多忤, 平生故舊, 不遭罵者, 無幾人.

嘗大言曰, "吾不餓死, 救我者, 金節度也." 及聞其以會寧府使, 陞北閫, 則策馬去不疑, 可知金節度之賢, 能不廢故人者也.

嗟乎! 君知北關之爲故何地耶? 其南則曷懶甸, 高麗尹侍中之築九城也, 其北則肅愼五國, 我朝金節齋之蕩野人也. 使君生於其時, 在二公麾下者, 躍馬橫刀, 大呼陷堅, 可勝道哉?

國家昇平屢百年, 東北無風塵之警, 君往復何爲哉? 時從賢帥, 引輕騎, 圍獵白山之南, 倚戍樓, 聞落梅之笛, 引滿一醉, 足矣. 何必富貴云乎哉

# 清脾錄序

自古有作詩者，有說詩者．作詩者，雖委巷婦儒，無所不可，說詩者，非明睿特達，有鑑識者，不能焉．竊觀春秋列國，卿大夫相遇，必賦詩以道志，皆非其所作也．然以此定臧否，知其保家安民，延世久促，若蓍龜然．至吳札觀樂，則又能推究王澤之淺深，治亂興喪，各有美譏，何其盛也？孔子亦嘗曰，"爲此詩者，其知道乎."孟子曰，"固哉！高叟之爲詩也！"是知說詩者，聖賢之所不廢也．

漢興，說詩者滋多，有說於齊者，有說於魯者，有說於燕及何間者，義訓各異，殆數十餘萬言，紛不可理，而善說之，則俱足以解人之頤．自此以後，作詩者亦多，五七言迭興，則能說之士，又不得不舍古詩，而取近代之作論列之，此鍾氏『詩品』之所以興也．踵而著說者，不可勝數，槩名說話，遂可以充棟矣.

我東則櫟翁之稗說, 芝峯之類說, 略見焉, 而無專編. 吾友靑莊氏之於詩, 盖亦作之者也. 旣久, 涵濱穠郁而後, 又將說之, 勝國至本朝五六百年之間, 採爲四編, 含英佩茗, 題品平允, 滄浪茗溪, 又何足道哉? 覽之者, 其將解頤之不暇矣. 專取東詩者, 鄭大夫賦詩, 不出鄭志之義也.

名儒碩輔, 志士高人之作, 托興深遠, 關乎風敎者, 莫不表揚, 惓惓致意, 又不執偏見, 取其所長, 無固哉之譏, 庶幾乎古聖賢說詩之旨, 可謂詩話之選也. 詩與樂通, 斯可以滌蕩血脈, 感發情志, 而命之曰'淸脾', 則謙言之也. 且夫作詩者謂何? 傳之爲貴. 苟無精擇而詳說之者, 則工拙相混, 胥歸於澌滅而已矣, 說詩者, 顧不重歟? 雖然, 非靑莊氏之能作, 則其說之也, 惡能若是之詳耶? 泠齋序.

# 東方有古音

字音, 有東正而華譌者. 今東人所讀之音, 何從而起乎? 厥初, 非東人去學于華, 則華人來敎于東也. 學之敎之, 要當在漢以上世也. 東人, 僻處山海間, 旣得其字與其音, 沿而守之, 至于今, 不失華, 則六朝五季以來, 蕃漢相雜, 字音安得無變耶?

此有可以證明者.『公羊傳』:"公曷爲遠而觀魚? 登來之也." 注: "齊人, 名求得爲得來, 作登來者, 其言大而急, 由口授也." 又『管子』: "東郭郵對桓公曰:'日者, 臣視二君之在臺上也, 口開而不闔, 是言莒也'."

今以東音讀登得, 則相近, 以華音讀之, 不相近, 以東音讀莒, 則口開, 以華音讀之, 口不開, 可知東方尙有古音, 華則漸變而漸失, 恨不能擧而質之於好古如顧寧人者.

# 俗字

壬子秋, 『奎章全韻』校正諸臣等, 原任直閣尹行任, 檢校直閣徐榮輔, 直閣南公轍, 承旨李家煥, 前承旨李□□, 校書校理成大中, 兼檢書官李德懋柳得恭, 檢書官朴齊家, 凡九人, 上發策, 問「六書」. 諸臣皆仰對, 大臣文□, 各以靑黃綠墨, 批評然後, 上乃賜朱批, 盛擧也. 臣所對「我東俗字之弊」有曰:

"水田爲畓, 大豆爲太, 奉若『三倉』, 船蟲曰蟳, 牛胃曰胖, 如出『爾疋』. 功令表箋, 何圖作何啚, 不如是者, 爲違式. 啚者鄙也. 何鄙是何等語耶?" 對策謹嚴, 蓋未能縷擧爾, 我東俗字, 非特此五字而已.

如執頉之頉, 義若夒, 抽栍之栍, 義若籤, 公私文書最喜用之. 又問遣書牘曰燒酒幾鐥, 鐥者匜也, 女之男兄弟曰娚,動稱姆妹妻姆，尤可笑者. 曹曺異用，姓則曹而官府則曺. 至如貂曰獥，黃鼠曰獷. 如此之類甚多，治小學者不可不辨.

# 제4부 원문

# 渤海考序

高麗不修渤海史, 知高麗之不振也. 昔者高氏居于北曰高句麗, 扶餘氏居于西南曰百濟, 朴昔金氏居于東南曰新羅, 是爲三國. 宜其有三國史, 而高麗修之, 是矣. 及扶餘氏亡, 高氏亡, 金氏有其南, 大氏有其北, 曰渤海. 是謂南北國. 宜其有南北國史, 而高麗不修之, 非矣.

夫大氏者, 何人也? 乃高句麗之人也. 其所有之地, 何地也? 乃高句麗之地也. 而斥其東斥其西斥其北而大之耳.

及夫金氏亡大氏亡, 王氏統而有之, 曰高麗. 其南有金氏之地則全, 而其北有大氏之地則不全, 或入於女眞, 或入於契丹. 當是時, 爲高麗計者, 宜急修渤海史, 執而責諸女眞曰: "何不歸我渤海之地? 渤海之地, 乃高句麗之地也." 使一將軍往收之, 土門以北可有. 執而責諸契丹曰: "何不歸我渤海之地? 渤海之地, 乃高句麗之地也." 使一將軍往收之, 鴨綠以西可有也. 竟不修渤海史, 使土門以北鴨綠以西, 不知爲誰氏之地, 欲責女眞, 而無其辭, 欲責契丹, 而無其辭. 高麗遂爲弱國者, 未得渤海之地故也, 可勝歎哉.

或曰: "渤海爲遼所滅, 高麗何從而修其史乎?" 此有不然者. 渤海憲象中國, 必立史官. 其忽汗城之破也, 世子以下, 奔高麗者十餘萬人, 無其官, 則必有其書矣, 無其官無其書, 而問於世子, 則其世可知也, 問於隱繼宗, 則其禮可知也, 問於十餘萬人, 則無不可知也.

張建章唐人也, 尙著『渤海國記』. 以高麗之人, 而獨不可修渤海之史乎?

嗚呼! 文獻散亡, 幾百年之後, 雖欲修之, 不可得矣. 余以內閣屬官, 頗讀秘書, 撰次渤海事, 爲君臣·地理·職官·儀章·物産·國語·國書·屬國九考. 不曰世家傳志, 而曰考者, 未成史也, 亦不敢以史自居云. 甲辰閏三月二十五日.

# 海東繹史序

東史, 凡幾種哉? 所謂古記, 都是緇流荒誕之說, 士大夫不言, 可也.

金富軾『三國史』, 人咎其脫略不足觀, 而名山石室, 茫無所藏, 雖金富軾, 亦且柰何? 然則唯有鄭麟趾『高麗史』而已, 高麗以前, 何從而鏡考乎? 余嘗欲取二十一史東國傳, 刪其重複, 以注以辨, 與『三國』·『高麗』二史, 相衣而行, 則庶或有資於徵信, 卒卒未遂, 亦未嘗不去來于胸中.

吾友韓大淵上舍, 性恬靜, 喜蓄書, 閉戶考古, 慨然有意于東史, 與余不謀而合. 又推而廣之, 汎濫乎正史之外, 我東數千年事實, 自經傳以至叢稗, 在在散見者, 幾盡搜剔抄寫, 又手刀與糊, 離而合, 合而離, 蓬首流汗, 殆忘寢食, 用五六年之力, 始分類立目, 勒成一部, 凡幾卷, 有世紀焉, 有列傳焉, 天文·地理·禮樂·兵刑·輿服·藝文, 各有其志, 則居然而史矣, 名之曰『海東繹史』. 余所有意而未遂者, 一朝焉獲之, 不亦快哉!

東人或言: '東方史籍, 在平壤者, 焚於李勣, 其在完山者, 又焚於甄萱之敗', 此亦無稽之談. 東方, 豈有史籍? 箕聖之世, 斯可以斷自唐虞, 衛滿以前, 屬之不修春秋; 漢四百年, 自是內服, 樂浪太守, 焉得立史官哉? 此所以佚事異聞, 必求諸中國, 然後可得也. 嶺東之濊, 漢南之韓, 蓋馬山東之沃沮, 苟非陳壽, 惡能知其有無哉?

彼陳壽者, 秉筆而書海表之事, 能若是之詳者, 又何也? 公孫氏, 世襲遼東太守, 立帶方郡, 以統韓濊諸部, 司馬懿滅之, 則其山川·道里, 物産·風謠, 必爲太史氏所得也. 自是以後, 曰三國, 又有加羅·耽牟羅之屬, 皆能發使執幣, 見于上國, 南北諸史, 從而記之, 此莫非東方史籍也. 幸而大淵之書, 今又成矣, 富哉! 無所不有.

昔郯子朝魯, 昭公問: "少皥氏以鳥名官, 何故也?" 郯子曰: "吾祖也, 我知之." 孔子聞而學之. 籍談如周, 不能對晉之分器, 王曰: "叔氏而忘諸乎?" 是故不知本國之史者, 古之君子恥之, 若之何不觀是書也? 儒州柳得恭序.

# 四郡志序

余竊怪夫人之能作輿地之圖也. 人長七尺, 行于谷則潚, 行于野則視不過十里, 其於天下郡國, 何異乎螞蟥之游乎邱陵之間也? 然而險衍窪崒, 曲直迂捷之爲狀, 莫不摸寫, 不失尺度. 異哉! 此豈非性之所會哉!

余所居, 禹貢青州之裔, 箕子之封, 漢四郡之樂浪也. 先朝續撰『東國輿地志』, 余亦在校正之列矣, 顧遼左之地, 夷夏展縮, 未易究, 畜疑者久. 旣而, 出守西海之沿, 我西海者, 燕齊之東海也. 余旣觀乎我之西海, 則又游燕中, 西北渡鴨淥之津, 左顧襄平, 南入渝關, 登澄海之樓, 觀彼之所謂東海者, 怳乎其有可會者矣. 其過遼之野, 坐車中褰帷, 東北望杳杳然若雲烟之堆疊云, 是開元·鐵嶺, 古夫餘國之界, 又怳乎其有可會者矣.

遂歸而取歷代史志, 以吾胸中之悅乎其有可會者, 經緯之, 而爲漢四郡之志, 自以爲庶乎其是矣, 而去漢千有餘年, 人孰信之哉! 不信, 吾且守吾說而已.

余所疑者, 古之黃河, 自沙漠洶洶注乎向所謂我西彼東之海, 是時果有遼之野否乎? 今也不見黃河, 惟有大小凌河也, 巨流河也, 渾河也, 鴨淥也, 潺湲散而南流, 向所謂我西彼東之海, 能無縮而淺乎? 東北望香香然若雲烟之堆疊者, 古之山歟, 今之山歟? 未可知也. 雖然, 黃河未改道之前, 荒唐乎余安得以言之? 若曰: '漢以後之山與海, 不甚大變云爾' 則吾之說, 其信矣乎.

# 駕洛國

壬子二月二十五日, 上展謁永陵回鑾, 有駕洛國首露王後裔金某, 籲祭田爲鄕人所侵奪者. 上卽諭道臣查正, 又遣閣臣, 致祭于王陵, 盛典也.

按『北史』云:"新羅附庸於迦羅國",『南齊書』云:"建元元年, 加羅國王荷知, 使來獻, 授輔國將軍本國王." 案迦羅・加羅, 皆駕洛國之謂也. 齊高帝建元元年, 爲新羅炤知麻立干元年, 駕洛國王銍知二十九年, 荷知, 銍知之字, 或不同古方言, 未可解也.

駕洛, 自通於上國, 而新羅卽其附庸, 則三韓之大國也. 東人, 只見高麗僧所撰古記, 不復考證諸史, 故三韓以前盡屬艸昧, 可歎.

『魏書』云:"高句麗先祖朱蒙, 生於大卵", 此已荒怪, 不足信, 古記遂言, '新羅始祖朴赫居世, 亦生於大卵, 六伽倻國主, 亦生於金色六卵'. 夫呑乙履跡, 在邃古抑或有之. 朴赫居世卽位, 旣云在漢宣帝五鳳元年, 六伽倻主誕生, 在光武建武中, 則此果何時, 而辰弁之人, 方且卵生未已乎?

『北史』「新羅傳」云: "其王, 本百濟人, 自海逃入新羅, 遂王其國, 則與楊山麓蘿井傍馬嘶卵剖之說, 異矣. 且伽倻者, 浮屠語也. 駕洛伽倻, 音相類, 愚僧, 遂變駕洛爲伽倻. 其大小伽倻・碧珍・阿那・古寧等, 伽倻之說, 荒怪尤甚.

# 平壤隧穴

『三國志』「高句麗傳」云:"其東有大穴, 名隧穴. 十月, 國中大會, 迎隧神." 今平壤府城東牧丹峯下, 有窟, 橫穿窅冥, 不可測, 蝙蝠多棲其中. 俗傳, 東明王, 養麒麟馬處, 謂之麒麟窟. 東明王, 未嘗都平壤, 麟馬之說, 荒唐不足信, 此卽其隧穴也.

又「挹婁傳」曰:"邑落, 各有大人, 處山林之間, 常穴居, 大家深九梯."

平壤府古蹟, 有九梯宮, 意者, 高句麗效挹婁, 而爲之者爾.

# 挹婁旅筆序

余讀月沙李先生所撰「崇禎奏文」, 不覺太息也. 清師之陷遼陽也, 有鳳城人丁朝月者, 聚黨數百人, 辮髮衣滿洲衣, 剽劫閭里. 當是時, 東八站, 與明絶, 誠有豪傑之士, 糾合義旅, 與東江諸將, 并力據險, 一戰而死, 可也. 不然, 率難民編筏, 順流而下登萊, 可也. 不然, 東避地于屬國, 亦可也. 何至急急辮髮, 衣滿洲衣耶? 是其辮髮與其衣, 有至樂者, 存焉故也.

余之客瀋陽也, 所與游者, 旗下人乎, 皆學習詩書, 魚魚雅雅, 有士君子之風. 文酒諧謔之次, 寧借余冠而冠, 借余衣而衣, 而不忍以其冠與衣, 擬諸人者, 是其冠與衣, 有至惡者, 存焉故也. 嗚呼! 百年以上, 則有至樂者存焉, 百年以下, 則有至惡者存焉, 斯其故何也? 物極必反, 無往不復, 莫知然而然耳.

夫遼東者, 天下之大野, 漢唐明得之, 則斥候亭障, 彌亘千里, 其人之好惡可知已; 遼金元得之, 則名都大城, 磊落相望, 其人之好惡可知已. 今旣置盛京於瀋陽, 興京於建州矣. 興京吾未之游焉, 而盛京之士, 吾見之矣. 吾未知天下有變, 盛京之士, 冠何冠而衣何衣也? 瀋故挹婁國也, 余此記以『挹婁旅筆』名之.

# 題雲巖破倭圖

　　湖南, 古百濟之墟也. 『北史』云: "百濟俗重騎射, 兼愛墳史, 秀異者, 解屬文, 能吏事, 知蓍龜陰陽五行法. 又考倭史, 倭之聲詩·樂律·兵謀·釋敎·博奕諸戲, 悉學於百濟, 則倭者, 百濟之屬國也, 屬國之不敢與上國抗, 久矣.

　　萬曆壬辰, 倭自東萊海口入寇, 飛丸挺劒, 迅若風雨, 列鎭奔潰. 其犯湖南境也, 李統制以舟師斃之, 權元師以陸師殲之. 梁青溪大樸, 帶方布衣, 提滿千召募之士, 戰於雲巖之野, 艸薙而禽獮之, 何其易也? 官軍義旅, 皆古百濟勇士, 奇材劒客, 青溪姿兼文武, 忠憤慷慨, 豈非『北史』所稱秀異者耶? 風氣之終古不變, 有如此哉.

　　聖上二十年, 特贈大司馬予謚, 命內閣, 撰次實記十卷. 梁氏舊藏「雲巖破倭圖」, 毁于火, 重摸卷首, 飛騰叱咤, 英爽勃勃.湖南士大夫之覽此卷者,可以扼腕吐氣,視倭奴爲小醜也.

# 書高敞縣志朴義事

　朴儀, 湖南之高敞縣人. 沈勇便騎射, 擢武科, 除部將. 仁廟丙子, 兵馬節度使金俊龍, 勤王至水原, 與虜遇, 大戰光教山. 義時在俊龍幕, 射殺楊古里. 楊古里者, 滿洲正黃旗人, 戰寧·錦間, 皇朝猛將無能當, 累功至超品公, 尙努兒哈赤女, 死封武勳王. 彼我俱有信史, 可案也.

　方彼之東侵也, 先鋒三百騎, 繼援三千騎, 星馳背城邑千有餘里, 蓋自以爲必勝,而果勝. 我諸道節度使, 奉羽檄飮泣, 呼召民兵, 連營而進, 蓋自以爲必敗,而無不敗者. 彼此强弱勇恸之形, 何其遠也. 然而, 義以一褊裨, 奮不顧身, 直前射殺其所謂額駙大將. 虜哭聲滿山谷, 湖南軍, 吹笛奏螺, 鳴勝鼓, 據高而視之, 則果孰强而孰弱, 孰勇而孰恸耶?

　旣而, 不知朴義之爲何人, 所射殺者爲何人, 果射殺歟未歟? 彼人, 或有言之者, 反怒以爲嘲戲, 縱義自言, 亦叱之以爲妄, 此義所以至今無聞者也. 噫! 萬夫恸而一夫勇, 人之不信固也, 當是時, 得如義十數輩, 或可矣. 高麗金允侯, 處仁頭陀, 射殺蒙古元帥撒禮塔, 拜大將軍, 如義者, 官不過直洞萬戶, 人以此尤悲之, 而其奇功, 則與允侯並云.

# 女眞坪

李校理明淵, 外補端川之梨洞萬戶, 歸爲余言.

"自本鎭, 北行百餘里, 爲隱龍德烽臺, 北俗呼山頂爲德. 登烽臺, 望見女眞坪, 極目無際, 東北接茂山, 西北接甲山, 坪周爲七百里云, 西北三四十里許. 有山陡起, 周遭若城, 城內白塔森束, 不知其數. 問鎭卒, '此爲何名?' 對曰: '萬塔.' 細察之, 城與塔, 必是天作. 問, '汝曾往見否?' 對曰: '不曾.' 又問 '汝曾涉此野否?' 又對曰:, '不曾.'"

按女眞坪, 考諸史志, 疑卽高句麗東明王所都卒本川也. 萬塔, 疑卽『魏書』所稱'紇升骨城'也. 卒本者, 率賓也. 余撰『渤海考』, 以三甲等地, 定爲率賓府, 難之者曰:

"『唐書』稱率賓馬, 三甲山谷中, 有何馬耶?"

余甚病之. 乃今始知甲山之於端川, 隔一女眞坪, 而端川産良馬, 此豈非一證耶? 女眞坪, 在昔爲野人之巢穴, 梨洞・雙靑・黃土岐等鎭, 爲防野人而設也. 今無野人, 諸鎭將, 看望空坪, 甚無義, 又棄其地, 不耕不牧, 殊可惜也.

李校理又言, 在鎭遊覽時, 或見野中羣狼奔突而去, 或見羚羊, 掛角於絶壁而瞑, 村伍零星, 爲諸鎭將所誅, 求困不能聊生, 亦不知射獵云.

# 西北之材


新建府堂, 絶宏大, 非諸道宣化堂所可及, 以其多大材也. 滿山松杉, 鬱鬱連抱, 屢百年不見斧斤, 或立而自枯, 或仆地而朽.

若自長津江, 泛出鴨淥江, 編筏順流下海, 無幾何而到江華口, 引入京江, 則材木不可勝用. 余言非特長津江而已, 甲山之虛川江・江界之禿魯江, 皆入鴨淥, 有此水路, 而西北之材, 都歸朽棄, 甚可嘆也.

且聞昌朔人言: '滿洲人, 伐木於鴨淥上游, 日夜乘筏, 順流而下'云. 鴨江一帶, 彼我共之, 而彼則用以運材, 我則不能焉, 此等事, 正須理會.

# 西海諸島

癸丑二月二十日賓對, 有一備堂啓曰:

"西北廢四郡古厚州西南之許多海島, 初或因野人之入居, 海賊之來侵, 而棄其地, 今無是患者數百年, 猶不許民耕, 甚爲無義. 高麗趙云仡以爲: '大靑·小靑等島, 皆沃壤, 有魚鹽之利', 故相臣柳成龍以爲: '身彌等島, 地勢廣闊, 宜屯田', 此豈無所見而然哉? 近來人民繁息, 無地可耕, 臣意, 則長淵之大·小靑島, 使本道水使, 遣親裨看審, 宣川之身彌島, 鐵山之大加次里島·椵島, 使宣川府使, 親爲看審, 並圖形狀聞, 以爲議處."

上許之.

是時直閣徐公, 亦撰『四郡考』, 引唐志, 定爲渤海之神州, 可謂發前人之所未發. 大抵我東地形, 東北則豆滿, 西北則鴨淥, 東西南三面環海, 是謂二江三海, 其以內, 尺寸不可棄也.

# 제5부 원문

# 竝世集序

詩從何興乎? 非二南十三國之地之興乎? 夫土有所宜, 物有所自, 美玉云藍田, 丹砂說句漏, 蔘稱上黨, 茶言顧渚. 今獨言詩, 而不求諸中國, 是猶思鱸魚而不之松江, 須金橘而不泛洞庭, 未知其可也.

我東之於中國隔遼一野, 間渤一海, 名雖外國, 而比之雲·貴諸省, 至相近也. 只緣限之以疆場 別之以內外, 則生做一世, 邈若千秋, 往往有荒陋寡聞, 沾沾自足者, 一生不知鱸橘之味, 豈不大可哀哉?

在昔崔致遠·金夷吾之於顧雲·張喬也, 李仲思·李仲父之於虞·趙·黃·揭也, 咸能聯鑣倣驪于詞翰之林, 唱酬篇章, 至今照爛人目, 此千百載數人爾. 至若有明一代, 四傑七子, 竟陵雲間, 風聲振海內, 而東土諸公, 側耳而無聞,及至數世之後, 刻集東來, 然後始知某時有某人. 是猶通都大邑, 瓜果爛漫, 而僻鄕窮村, 坐待晚時也.

余與同志數子, 縱談至此, 未嘗不浩嘆彌襟. 及讀陳其年『篋衍集』·沈歸愚『國朝詩別裁』, 益覺中土人文之盛, 而獨未知不先不後與我同時者, 爲何人也. 十數年來, 同志數子, 莫不涉馬訾踔遼野, 而游乎燕中. 所與游者, 皆二南十三國之地之人, 或翶翔館閣, 或放浪江湖, 其風流文物, 足以掩暎當世, 而其爲詩也, 渢渢然雅頌遺音, 必傳于後. 四傑七子, 何獨於今, 而無其人乎? 此所謂藍田之玉·句漏之砂, 上黨·顧渚之蔘與茶也, 言詩而不求諸中國, 惡乎可哉?

輒錄其唱酬篇章, 及因風寄聲, 流傳海外者, 手自點定爲二卷, 附以日本·安南·琉球三國詩若干首, 與吾黨二三子共之. 若夫崔金二李之遺風餘韻, 則余不敢希, 而後之覽此者, 可知其早享瓜果云爾.

# 日東詩選序

　日本在東海中, 去中國萬里, 最近於我, 取效其國所著『和漢三才圖會書』, 則詩書禮樂戰陳之法, 以至桑門外道博奕戲具, 莫不自我得之. 顧其國富, 風俗儇利, 多淫伎巧匠, 而獨不能工詩.

　自源氏爲政, 羈縻不絶, 關白新立, 必來請使, 我以三品官一人充正使, 侍從一人副之, 又一人爲從事官, 文啣一人爲製述官, 往聘之, 正副使從事官, 各辟書記一人, 材官・劍客・良醫・畫師・吹唱・擊毬, 凡有一藝者, 悉致幕中, 而最重書記, 一行皆屬目焉.

　世癸未, 前任長興庫奉事元玄川重擧, 膺是選. 是年秋, 帆發釜山浦, 泊對馬拂壹岐, 經赤間, 望大坂. 水陸屢千里, 達于江戶, 江戶者, 關白所都也. 所過名都大邑, 延候相望,舟皆丹朱漆, 雜綵幡幢, 緣道植竹爲欄楯, 士女妖粧眩服, 夾巷從觀. 使者具威儀, 雍容過之, 所止宿頓舍, 設珍奇玩好, 饋享魚鳥, 蟹匡蝦鬢, 至被泥金, 其夸燿于人者如此. 書記之任, 專掌應酬, 執贄參謁者, 例爲一詩以畀之, 筆不暫停, 沛然若宿構, 然後始謂之能. 間以長扁險韻, 沓來困之, 蕘雜無理, 殆不能堪, 忽忽副急之作, 輒刊行遍國, 得一言之襃者, 遂噪名士林云.

玄川翁, 雅篤厚喜談程朱之學, 彼中益重之, 必稱老先生. 其能文之士, 率多醫官釋流, 而合離井潛・那波斯曾・富野義胤・岡田氏兄弟, 尤爲傑然, 皆與之深相交. 及其歸後, 薑山居士, 鈔其『海航日記』中贈別詩六十七首, 名曰『日東詩選』, 屬余爲之序. 其詩, 高者摸擬三唐, 下者翱翔王李, 一洗侏儒之音, 有足多者.

按, 日本之始通中國, 在後漢建武中, 而後稱'日出處天子', 隋帝不悅. 晁卿・奝然, 最著於唐宋, 而詩文並無傳. 皇明初, 有咯哩嘛哈者, 詩對高皇帝, 自詡, 以國比中原, 人同上古, 辭甚不遜. 萬歷間, 侵寇爲業, 遂有壬辰之役, 以此之故, 輒爲中國所擯, 絶不與通, 文物因之晼晚. 徧次屬國詩者, 置之安南占城之下, 訖不能自奮.

比聞長碕海舶, 往來杭浙, 國人稍解藏書, 學爲書畫, 庶幾彬彬焉. 三代之時, 國小不能自達于上國者, 附于大國曰付庸. 今以此集, 流布廣遠, 爲採風者所取, 則我東諸君子之所不敢辭.

# 蜻蛉國志序

不出戶, 而知四夷之事, 非讀書人不能, 苟讀書矣, 而非有志之士亦不能.

嗟! 吾故友李懋官, 豈徒讀書人云乎哉? 余甞與懋官, 承命撰次歷代兵志, 艸藁成, 入侍, 上曰:"中國, 而自周至于皇明, 我東, 而自新羅百濟高句麗, 至于勝國, 今皆可知矣. 女眞・蒙古・日本・琉球, 獨非我南北之隣乎? 不可不知其軍陳之制, 爾等, 其續撰以奏."

旣退, 余謂懋官曰:"內閣, 恐無此種書, 余何?"懋官曰:"我有之矣."搜其篋, 得蠅頭書, 北虜及海外諸國事甚悉. 遂採輯成書以進.

又甞與同坐, 有築垣役夫自言漂到日本之長碕島者. 懋官擧阿蘭陀人狀貌, 以詰之, 役夫大驚曰:"公於何年, 游彼國乎?"坐皆大笑.其知四夷之事,皆此類也.世以懋官爲讀書人,則信矣,謂之:'資博識,廣異聞而已.'則不知懋官者也.今焉長逝矣,誰與縱談當世之務乎?

所著書,有『蜻蛉國志』二卷.蜻蛉國者,日本別稱,其國地形,有似蜻蛉故云.日本,自後漢時,屬於帶方,陳壽始立傳.然處乎重溟之外,中國征討之所不及,故莫得其要領.懋官撰此志,因其國史,僞皇年代,關白始末,以至山川道里,風謠物産,西南諸蕃,往返交易,莫不據實而書,考覈精詳,無風聞鑿空之語,爲邦者資之,足以善隣,出疆者資之,足以覘國.惡可以稗官雜記目之哉?

窮怪.夫今之士大夫,出典海防,漂船一到,望其帆,見其衣,聞其語,審其貌,而不知爲何國之人,問情一差,下理勘律.何不取此記而讀之,以知海外諸國之情乎?

# 倭語倭字

元玄川 『和國輿地記』: "倭語, 山曰夜痲, 海曰由未, 水曰民注, 火曰噫伊, 茶曰者伊, 紙曰加未, 筆曰侯代, 墨曰愁未, 硯曰水水里, 家曰朴古, 樂聞曰乂伊, 惡聞曰日伊, 稱好曰用古沙里, 稱不好曰伊用古沙里, 徐行曰踈老踈老, 疾行曰何要何要, 止行曰痲叱多痲叱多, 雨傘曰加伊, 懸轎曰老里毛老, 馬徒曰沙伊老五, 賤役者曰因束古." (中略)

玄川翁, 素篤志績學, 癸未通信, 以副使書記入日本. 彼中曾有物雙栢者, 字茂卿, 號徂徠, 又稱蘐園, 陸奧州人. 得王元美・李于鱗之文於長碕商舶, 讀而悅之, 以爲眞儒, 遂唱王李之學, 詆毁程朱, 無所不至, 六十六州之士, 靡然從之, 至稱爲海東夫子, 眞可笑也. 玄川翁, 對彼儒, 諄諄然講明程朱之說, 彼儒始疑, 而稍稍開悟. 翁歸著『和國輿地記』三卷, 及『乘槎錄』三卷, 詳載其國俗.

# 琉球·安南·緬甸使

壬子赴燕，首譯洪命福別單云："今季入貢，琉球·安南·緬甸三國，琉球正使馬繼謨，副使陳天龍，安南正使阮文琠，副使阮璭，緬甸正使啞札覺蘇，副使得滿覺.

琉球進貢，硫黃一萬二千六白觔，紅銅三千觔，白剛錫一千觔. 安南進貢，玉如意一對，銀盆一對，銀蓬盆一對，銀水臺一對，銀燈樹一對，銀鶴一對，銀香爐一箇，土絹土紈各二百疋，肉桂十觔，犀角五對，象牙二對. 緬甸進貢，佛像一尊，紅黃檀香四十箇，大紅呢三板，緬布八十疋，孔雀尾二十屏. 上元應制，琉球·安南正副使，各製進七律一首，緬甸使臣，不解漢字，不能製進.

# 滿洲語

女眞, 呼馬曰毛鄰, 此毛鄰衛之所以取名也. 東語以馬爲沒, 音近於毛鄰.『漢淸文鑑』: "紅馬曰截多, 粟色馬曰句郞, 紅沙馬曰夫數, 黑馬曰加羅, 黃馬曰公鶻, 黑鬃黃馬曰高羅, 海騮曰加里溫, 線臉曰間者." 此皆東語, 而又與滿洲語畧同, 壤地相接, 互相學習故也.

# 蒙古語

　　蒙古語, 天曰騰革力, 卽『漢書』「匈奴傳」: '匈奴, 謂天爲撐黎.' 是也. 馬曰莫林, 與滿洲語同. 呼高麗曰瑣瓏革, 臊鼠亦曰瑣瓏革, 未解其意也. 我國人, 遇蒙古, 惡其氈, 遇滿洲, 惡其葷, 意者, 蒙古遇我人, 則以爲臊耶?

　　我俗, 小兒戲以絲繫雉毛, 順風颺之曰姑姑梅. 蒙古以鳳凰爲苦苦妹, 乃知姑姑梅者, 卽苦苦妹也. 我人在高麗時, 頗習蒙古語.

## 滿蒙倭

百餘年來, 滿洲子弟, 學書畫唱酬詩章. 蒙古帳中, 位置古董, 焚香啜茶. 倭子講學, 說甚心性理氣. 此所以萬國太平也歟.

# 嘆吉利國

癸丑赴燕, 資咨官手本曰:"嘆吉利國, 在廣東之南海外. 乾隆二十八季, 入貢, 今季又入貢. 頭目官, 嗎戛呢‧嘶噹嗹二人, 係是該國王親戚, 一行共七百二十四人, 其中一百人, 進京仍赴熱河, 餘留天津府. 進貢物十九種, 製造奇巧, 西洋人所不及. 九月初由天津水路回國."

부록 원문

# 先府君墓誌

柳爲海東大姓. 其譜曰:

柳氏出自黃帝, 黃帝之後, 爲顓頊爲禹. 至孔甲, 有弟曰祖明, 與劉累擾龍, 以事孔甲. 龍死, 劉累遁, 祖明懼東奔, 居浿水之上. 祖明之後, 有曰受兢, 爲箕子士師, 民用和集, 始姓王. 受兢之後, 有曰無一, 當新羅之世, 隱居學道, 三變姓, 引伸增益之, 自王而田, 田而申, 申而車, 遂爲車氏, 累世昌衍. 有裔孫稽, 仕哀莊王時, 討賊謀泄, 懼禍, 冒祖母姓楊, 奔遼東. 有告者, 變楊爲柳, 奔儒州家焉. 儒州, 後改文化縣, 遂爲文化柳氏. 稽五世孫車達, 佐高麗太祖, 統合三韓, 有茂績, 爵大丞, 文化之柳, 以大丞爲鼻祖. 大丞之後, 歷事麗室, 多有碩學賢輔, 公權·澤·璥·陞四世, 史皆立傳.

本朝以後, 有諱潛, 以明經顯, 事明宗, 歷官京畿觀察使・工曹判書. 子自新, 漢城府判尹, 子希聃, 掌隷院判決事. 當是時, 光海君昏亂, 判尹女爲光海君妃, 黨親悉據樞要, 招權利, 治第宅, 事狗馬聲伎. 判決事有子曰鼎立, 甚賢, 始拜司諫院正言, 嘆曰: "國破宗亡矣." 於是, 角凶論, 齒賊彈, 戒殺機, 塞禍門, 棄官歸安山之山北里. 自號山北散人. 仁祖反正, 擧族竄殛, 公以侍講院司書徵, 以此之故, 人莫不賢之. 京師爲之諺曰: "柳氏八立, 鼎立獨立." 從父兄弟, 以立爲行者, 凡八人故云. 司書子-基善贈執義, 子聖龜成均進士贈吏曹參議, 子三益內資寺主簿, 子漢相通德郎. 通德郎公, 礪志潔行, 爲士友所重, 配平山申氏, 領議政欽五世孫女, 是爲先君考妣.

先君諱珛, 字春玉, 號葵園. 以英宗二年丙午七月二十七日生, 二十八年壬申六月十六日卒, 得年二十七, 葬于楊州松山辰坐之原.

不肖子得恭, 五歲而孤, 鞠于外家. 旣冠, 拜先友, 先友曰: "嗟乎美哉! 幾乎似之矣." 得恭泣而歸, 發舊篋, 得先君所著古今體詩一百九十六首, 『尙書・禮記札註』, 『論語類編』, 手摸太極・洪範・兵陣・輿地圖・籌學・卜筮諸書總十六卷, 伏讀且泣. 先夫人曰: "汝先大人, 喜『周易』, 讀且鈔, 鷄不鳴不止, 今其書在否乎?" 泣而對曰: "無之矣." 先夫人嘆曰:"喪禍流離, 舊書散亡者, 必多矣." 不肖孤窮困, 發忿讀書, 爲文辭, 稍有譽之者. 先友謂其人曰:"異哉! 其諸有由而然乎!"

嗚呼! 我柳氏得姓, 在新羅哀莊王之世, 去今千有餘年. 自高麗大丞以後, 爲二十七世, 屢躓屢興, 至光海之季, 可謂大躓矣. 司書公克保家, 綿綿至于我先君, 而又不得年, 則豈非天哉, 豈非天哉! 不肖孤, 遭逢聖世, 以成均生員, 用薦者起家, 供奉禁密, 歷試外郡, 陞三品賜緋. 長男本學尙衣院主簿, 生一子, 次男本藝, 生二子, 長女嫁宜寧南駿圖, 生二子一女, 次女嫁昌寧成翼曾, 先君內外孫, 今爲六人矣. 不肖孤得恭, 泣血追誌.

# 先妣行狀

　　先妣, 孺人南陽洪氏. 始祖曰先幸, 高麗金吾尉別將. 八世祖瀚, 官吏曹參議, 罹戊午史禍最著, 曾祖諱字翼, 吉州牧使, 祖諱時疇, 平安道兵馬節度使, 父諱以錫, 利原縣監, 母貞夫人羽溪李氏.

　　我柳氏, 貫海西之文化縣, 高麗大丞車達之後也. 先君子諱璿學生, 先祖考諱漢相通德郎, 曾祖考諱三益內資寺主簿. 先祖妣恭人平山申氏. 先妣以英宗元年乙巳六月十六日生, 今上元年辛酉八月初五日卒, 壽七十七, 祔葬于楊州松山辰坐之原, 先君子墓左.

　　嗚呼! 我先妣, 十七歲歸于先君子. 外祖利原公, 以才器, 馳名公卿間, 家累千金, 我家世儒, 素利原公特愛我先妣, 資送粧奩侈甚. 貞夫人嚴於敎訓, 先妣自幼小時, 學習女工,善筆札，未嘗有矜色，溫順孝敬克備，先祖妣益愛之．伯姑金夫人，峻正有女士風，族盛，嘗嘆曰："我見多矣，其惟洪新婦乎．"

利原公，將歸老于南陽之白谷，獨念我先妣在京師，揀一僕，置靛局于敦義門外，資級使居，約曰："凡自我來迎柳氏婦者，飯徒御粟馬，毋瀆柳氏爲也．汝知郡縣之有眡乎？若是而可．"是後，我先妣歸寧，輒見羣僕羅拜于庭，致書諾退，雞初鳴，秣馬揚鑣而至，裝轎駝重，一日而達百二十里，十數僕，又燃炬，候于十里之外矣，至則兄弟悉集，歡笑以爲樂，姻戚婦女聞之，莫不嘆息，至今傳爲美事者也．

歲壬申，先君子卒．是時，我家喪禍存疊，小子甫五歲，善病，孑然無兄弟，人皆懼之，蓋有言：'越大水避而可'者．小子尙記，睡且覺，在轎中聞櫓聲，嘔啞問："此何所？"先妣曰："此銅崔津，今且往南陽，毋恐．"是時，小子七歲，利原公先已卒，貞夫人尙在，數年又卒，家產稍落，先妣與仲舅母金氏，同爨．小子夏痁，至秋綴綴乎，幾不保．有婢名泰月，夫死誓不再嫁，服事先妣，負余穿林藪，陟山遠望，以蘄却痁．及余長旣娶，謝而去．

我外家業武，諸叔馳馬臂鷹，以意氣自豪，而兒皆削桃弓莉矢，射山雀而嬉．先妣謂小子曰："汝家累世事文墨，縱不能, 以此取富貴乎? 汝今十歲, 可歸耳, 不足以居此." 遂理輺而發. 小子與泰月, 騎牛從.

至雩岀之下屋, 舊瓦而茅矣, 不能庇風雨. 先大父客海西, 叔父季父, 俱未及娶, 舊藏衣裳器什, 畧盡, 城西有田, 旣易主, 而靛局奴婢散矣, 先妣處之宴如也. 尋移居慶幸坊, 坊多貴家, 爲縫衣取其直, 以資昕夕. 命小子, 挾書就學于隣塾, 衣服未嘗不美麗, 人之見之者, 不知其爲寒畯家兒也. 先妣嘗夜縫貴家衣, 小子置書錢筐上讀之, 忽喜而起舞, 拂燈墜衣上, 油大漬, 先妣錯愕, 無以爲計, 將倍縫, 相當然後止. 貴家夫人, 遣婢來謝曰: "帛我家所不乏, 幸勿以爲意." 隣里賢而哀之, 如此.

伯祖仲祖, 俱歿無後, 權奉祠版, 溢于夾室. 歲時名節, 先妣忧然憂, 益買油, 張燈縫衣, 抵曉鍾不眠, 儲錢滿篋, 至時而發, 具時食甚潔, 薦獻未嘗缺. 先大父嘗薄遊而歸, 冬至茶禮已, 喟然太息, 呼先妣曰: "來, 汝聞夫守塚之戶乎? 其人多壽考, 懸金玉環, 子孫衆者, 何也? 鬼所福也. 祭人之鬼, 尙然, 況祖先乎? 或者, 汝之福, 方且降而未已乎!"

歲庚寅, 先大父卒, 小子承重. 服閱, 登成均生員, 遭際聖明, 擢內閣撿書. 自此以後二十年間, 歷仕諸曹, 出宰抱川縣, 楊根‧加平二郡, 奉板輿, 赴任所, 有虞養焉. 旣而, 陞三品. 妻全州李氏, 爵淑夫人, 長男本學, 任撿書, 次男本藝, 及二女, 悉已嫁娶矣.

先妣旣傳家事於子婦, 淨掃一室, 命孫婦若孫女, 選諺史之可監戒者, 使之讀, 而臥而聽之. 歲庚申, 小子除豐川都護府使, 翌年春, 罷歸. 屬有赴燕求書之行. 深憂之, 先妣曰: "曾見汝赴燕矣, 不過四閱月而歸, 無憂也, 我必無恙." 黽勉辭去.

旣還渡江, 走馹歸侍, 顏色和好. 長女南氏婦, 次女成氏婦, 皆歸寧. 本學一女, 本藝二男, 南氏婦之一男一女, 咿嚶滿前, 子孫無一人不在者.

六月十六日, 哭先君子忌, 自此視愆候, 在床第, 猶強起如廁, 不令人扶. 進藥, 輒不肯曰: "病可以藥已云乎? 爲汝曹一飮, 勿再將來, 吾不飮." 愛學兒, 屢問人曰: "學也, 陞六品乎?" 及陞六品, 爲尙衣院主簿, 則喜曰: "趣取俸米, 煎糜來, 取俸錢, 沽酒來. 此可以一嘗." 又問曰: "猶未八月乎? 我喜此月." 意, 蓋惡暑而爲子若孫地也. 痛矣, 尙忍言哉.

嗚呼! 憂樂榮枯, 倚伏迭變, 理之常也, 滿而不矜, 損而不慼, 修其在我者, 以待夫所謂命者, 君子難焉, 我先妣能之. 詩云: "靡不有初, 鮮克有終." 我先妣, 有其終矣. 若其懿行, 不勉而中, 動爲女則, 小子雖不肖, 不敢溢美, 舉其著者. 先祖妣早卒, 叔父季父幼, 我先妣寔鞠養. 及長, 執嫂叔之禮, 敬之已甚, 私親再從以外, 來請謁, 率謝以病, 不見. 旣而曰: "我自厭煩." 婦人書牘, 引古語, 纚纚往復不已者, 深非之曰: "何其雜也?" 以警諸孫女. 以此之故, 親戚或疑太簡, 久之, 服其貞也. 至於飮食, 所進有常, 不喜新奇, 諸孫女或勸, 時尙一嘗而止曰: "五六十年前, 無此味." 諸孫女笑曰: "安得利原脯・南陽海中魚來耶?" 先妣亦爲之一笑. 先妣平日患痰滯, 少進火酒而下, 在小子任所, 不許數進. 請其故, 曰: "老大夫人, 獨非婦人耶? 內酒立簿, 豈美事哉?" 雖微節, 毅然自愼, 又如此. 敢質諸立言君子.

男得恭謹狀.

# 叔父幾何先生墓誌銘

　　公姓柳氏, 諱璉, 字連玉. 游燕中改稱琴, 字彈素, 燕中人, 至今問: "柳彈素先生無恙?" 是也. 公篤於信義, 與人立約, 以必踐爲悅. 朋友喪, 貧無以斂, 苟有之, 擧以畀之, 夕已不能飡, 家人不以爲是, 而佯若不知也. 治文藝, 視第一等, 非杜詩韓文右軍書法, 不屑爲也. 又喜周髀之術, 構一室, 扁之曰'幾何', 潛思其中, 推測渾盖, 究極而後已. 是故人謂之'幾何先生', 幾何者, 擧數質問之詞云. 正宗十二年戊申四月二十三日卒, 壽四十八, 葬于始興縣胥于里甲坐之原. 小子以楊根郡守奔哭, 殉以銅尺・鐵規筆, 公所製也.

　　始東詩人, 專攻近體, 不甚爲七言歌行. 或爲之, 而聲韻不諧, 訖未自覺也. 公游燕中, 與綿州李調元, 深相交而歸. 遇其生朝, 掛其像, 而酹之酒, 聞之者或笑之. 調元乾隆進士翰林, 轉吏部員外郞, 以文章鳴世, 尋棄官歸成都, 聲伎自娛, 天下高之.

友人李德懋, 及同志數輩, 踵入燕, 因吏部之弟中書舍人鼎元, 以游乎吏部之友, 當世鴻儒, 紀昀·祝德麟·翁方綱·潘庭筠·鐵保諸人之間, 與之. 揚扢風雅, 始得歌行韻四聲迭用之妙, 今之人稍稍聞而爲之, 非復前日之陋矣.

鐵保, 滿洲人, 蒙古鑲黃旗副都統兼禮部侍郎, 十餘年寵任隆赫. 紀昀, 爲尙書, 名重海內, 世所稱'曉嵐大宗伯'者也. 禮部主東客文書往復. 事或不便, 象譯因緣聲氣, 踵門而請, 莫不立爲揮霍沛然無事.

嗚呼! 公以布衣沒, 壽不滿五十, 似無與於斯世者. 一游燕而及於人者, 果何如也? 乾隆中, 印行『圖書集成』一萬卷, 正宗, 敎副价內閣直堤學徐浩修, 購進. 裨客莫知書所在, 惶甚, 公因翰林編修侍朝, 得之.

正宗十年議刱水車, 董事者, 從公問龍尾之制. 由是, 正宗知名, 謂筵臣曰: "柳璉, 似是有才者也." 公尋卒矣, 無所試. 嗚呼! 誠有才矣, 未試於正宗朝, 則命也夫! 李調元著『雨村詩話』, 選入公詩若干首, 嗚呼! 此可以傳於天下也歟.

柳氏出文化縣. 高麗統合三韓, 翊贊功臣大丞車達, 寔公二十七世祖也. 考諱漢相通德郎, 祖諱三益內資寺主簿, 曾祖諱聖龜成均進士. 妣平山申氏, 領議政文貞公欽五世孫女. 公配, 全州李氏學生仁貴女. 子在恭, 娶平昌李氏. 二女, 李義榮, 趙遠鎭, 俱士人. 庶女二人.

銘曰:

吁嗟乎, 胥于之里兮! 此幾何先生之藏. 川蜀杭浙之士兮! 誦先生之章.

## 歌商樓詩集序

　　詩者, 史之餘也. 昔周盛時, 列國陳詩太史, 以占其風俗之汚隆, 傳詩後世, 以考其政治之得失, 史之爲史, 亦如斯而已矣.

　　雖然, 史之所記, 止於朝廷, 詩之所載, 自朝廷, 達於鄉黨, 自天地, 達於人物, 自實事, 達於虛誕·煩細, 無一之不具, 故其逸言·異聞, 往往多出於史闕之外, 詩之爲史, 可但如史之爲史而已哉? 雖然, 此古詩之謂也. 漢唐之際, 於斯爲盛, 善說詩者, 獨以杜工部一人, 謂之詩史, 則餘可知也. 使今列國之詩, 陳之太史, 傳之後世, 其猶能風俗之足占, 而政治之可考乎? 然則史自爲史, 詩自爲詩而已矣. 嗚呼! 是亦可以詩云乎哉? 所謂'刪後無詩'者, 非有激而發也.

　　柳上舍惠風, 手其所著『歌商樓詩集』, 求余爲之序. 余讀而歎曰:"其庶乎詩史之餘也!"夫浮聲切響, 清濁和間, 鼓笙簧於觸手, 迷錦繪於顧眄者, 豈惠風之不能哉! 固不爲也. 惠風之爲詩也, 博雅以爲其體, 勸懲以爲其用, 東海有一人焉, 其人瑰奇, 而其名不陳, 必謹書之, 北海有一事焉, 其事弔詭, 而其說不傳, 必勤書之, 以至於通古今・一宇宙, 而無不大書特書之, 蓋不獨爲朝鮮之國風而已也. 今之詩史, 舍惠風, 其誰哉? 然且學詩數十年, 惠風自唱自歌於自室之中, 而尙未聞有太史之采訪, 則將太史之不及古歟, 抑今日之更有詩史歟? 姑書此, 以竢後世之匡衡云.

(徐瀅修,『明皐全集』卷7)